公益財団法人 日本漢字能力検定協会

漢検

改訂二版

漢検 漢字学習 ステップ

漢字《かんじ》れんしゅうノート

別冊《べっさつ》

10級

「漢字《かんじ》れんしゅうノート」は別冊《べっさつ》になっています。とりはずしてつかってください。

名まえ

※「漢字《かんじ》れんしゅうノート」をとじているはり金でけがをしないよう、気をつけてください。

漢検 公益財団法人 日本漢字能力検定協会

700410 (1-4)

もくじ

このれんしゅうノートのつかいかた

漢字表《かんじひょう》で 学習《がくしゅう》した 漢字を、ノートに 書《か》いて れんしゅう しましょう。
見本を みながら、書くじゅんばん、とめるところ、はねるところに
ちゅういして、ていねいに 書いて おぼえるように してください。

見本《みほん》

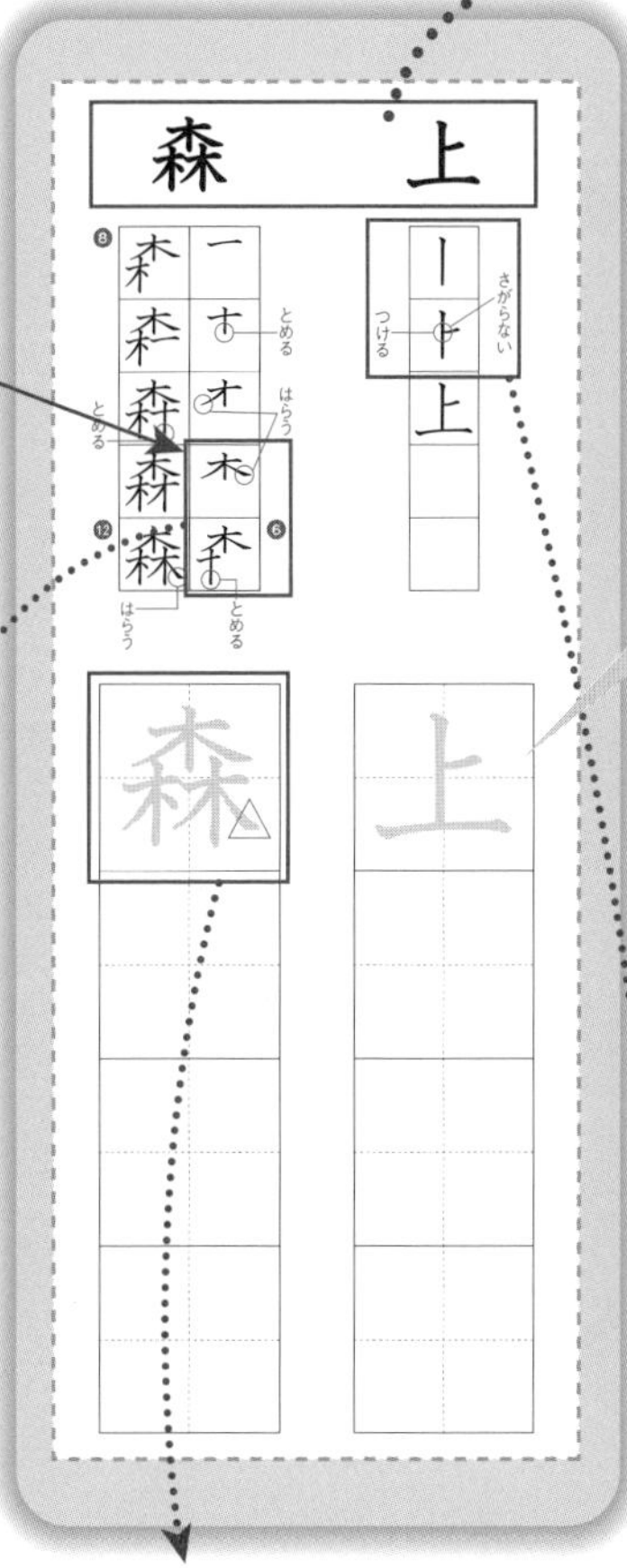

なぞって 書いて みましょう。

書くじゅんばんを しめして います。じゅんばんの とちゅうを はぶいて いる ところが あります。

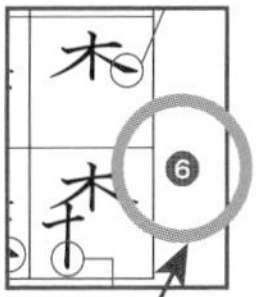

書くじゅんばんの 5ばんめが はぶかれて、6ばんめが しめされて いる ことを あらわして います。

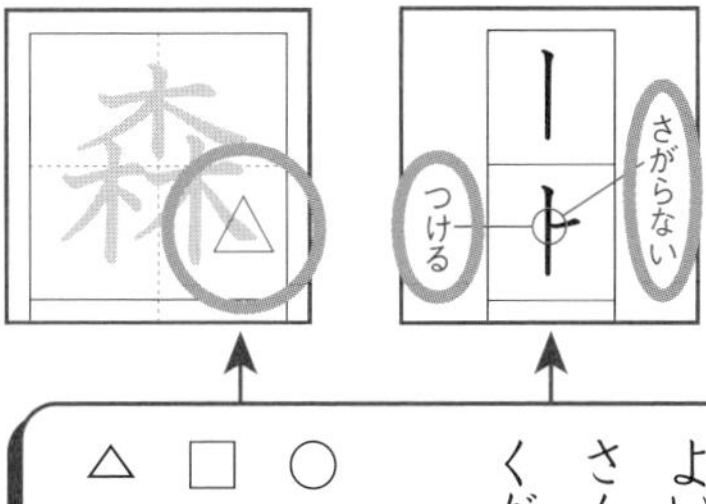

ととのった 漢字を 書くために ちゅうい すると よいことです。さんこうに して ください。

○・・・はねる
□・・・とめる
△・・・はらう

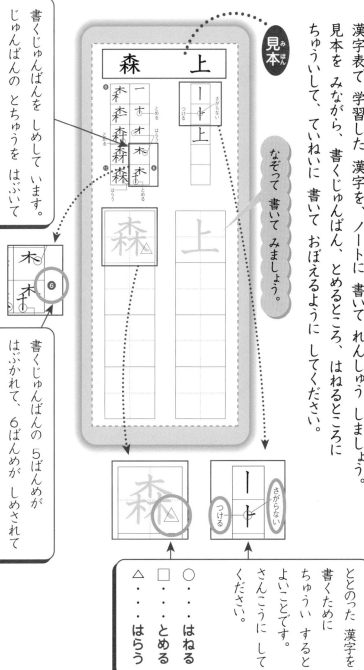

べんきょうした日《ひ》　月《がつ》　日《にち》

ステップ1

漢字表は42・43ページ

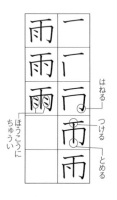

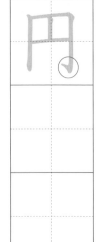

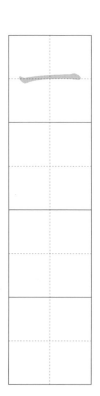

一

とめる

右

おなじくらいにあける

雨

はねる

つける

とめる

ほうこうにちゅうい

円

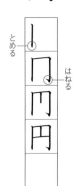

とめる

はねる

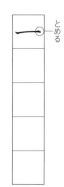

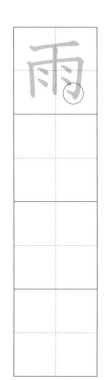

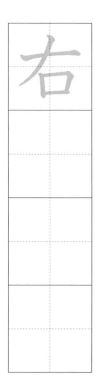

ステップ 2

▶▶▶▶漢字表は46・47ページ

火

ほうこうにちゅうい

はらう

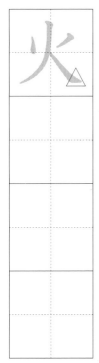

下

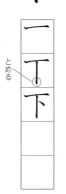

とめる

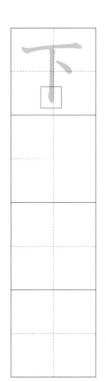

音

たてにうつ

つける

ほうこうにちゅうい

すこしだす

ながく

王

つける

ながく

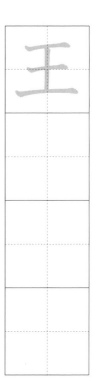

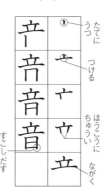

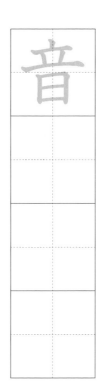

べんきょうした日《ひ》　月《がつ》　日《にち》

ステップ 3

▶▶▶▶ 漢字表は 50・51ページ

気

とめる
そる
うえへはねる

学

つける
はねる
ほうこうにちゅうい
つけない

貝

はらう
とめる

花

ほうこうにちゅうい
うえへはねる
とめる

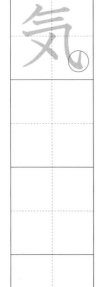

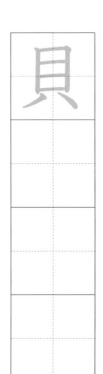

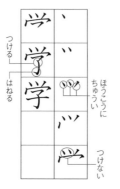

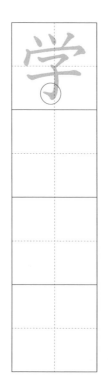

▶▶▶▶▶漢字表は54・55ページ

金 玉 休 九

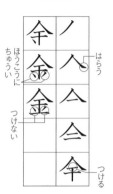

金：はらう　ほうこうにちゅうい　つけない　つける

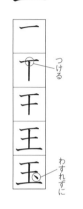

玉：つける　わすれずに

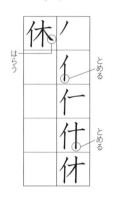

休：とめる　とめる　はらう

九：うえへはねる　まがりかたにちゅうい

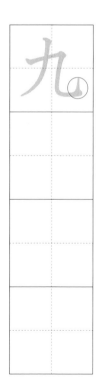

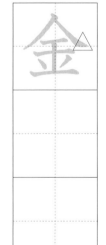

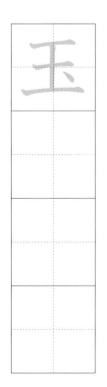

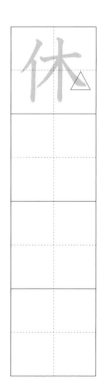

べんきょうした日《ひ》　　月《がつ》　　日《にち》

ステップ 5

▶▶▶▶漢字表は 58・59ページ

見

丨 冂 冃 月 目 目 見

はらう
まがりかたにちゅうい
うえへはねる

犬

一 ナ 大 犬

はらう
わすれずに

月

丿 冂 月 月

はねる

空

丶 宀 宀 穴 空 空 空 空

たてにうつ
つける
とめる
まがりかたにちゅうい

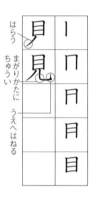

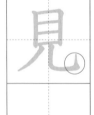

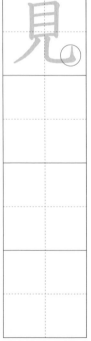

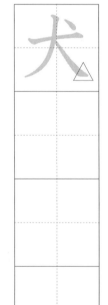

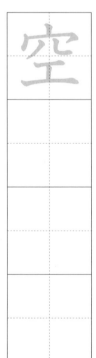

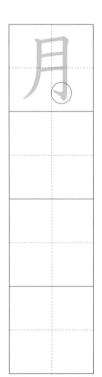

べんきょうした日《ひ》　月《がつ》　日《にち》

ステップ 6

▶▶▶▶漢字表は66・67ページ

左

つける　ながく

校

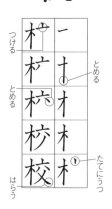

つける　とめる　とめる　はらう　たてにうつ

口

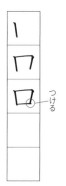

つける

五

つける

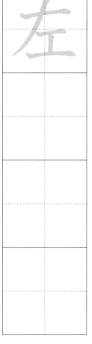

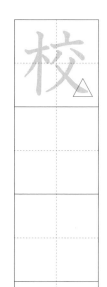

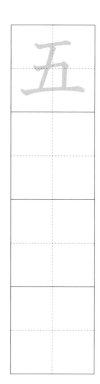

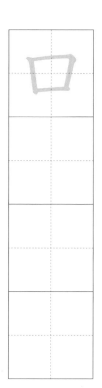

ステップ 7

▶▶▶▶ 漢字表は70・71ページ

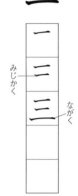

三
みじかく
ながく

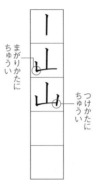

山
まがりかたにちゅうい
つけかたにちゅうい

子
つけかたにちゅうい
はねる

四
つけかたにちゅうい

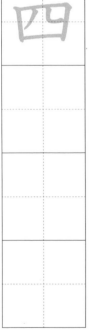

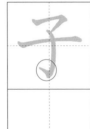

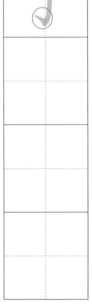

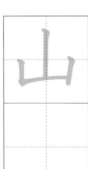

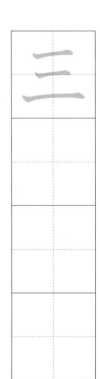

ステップ 8

▶▶▶▶ 漢字表は 74・75ページ

七　耳　字　糸

一　七
右あがりに
とめる

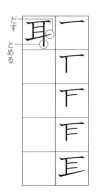

耳
だす
とめる
一 丅 下 F 王

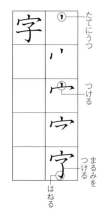

字
たてにうつ
つける
まるみをつける
はねる

糸
ださない
とめる
とめる

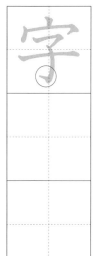

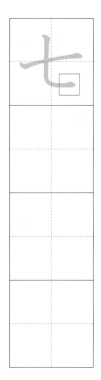

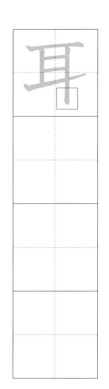

ステップ 9

▶▶▶▶ 漢字表は 78・79ページ

出
丨 凵 屮 出 出
つけかたにちゅうい

十
一 十
とめる

手
一 二 三 手
ながく
まるみをつける
はねる

車
一 厂 冂 日 日 亘 車
ながく
つけかたにちゅうい

出　十　手　車

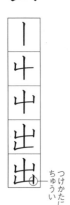

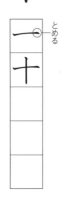

ステップ10

▶▶▶▶▶漢字表は82・83ページ

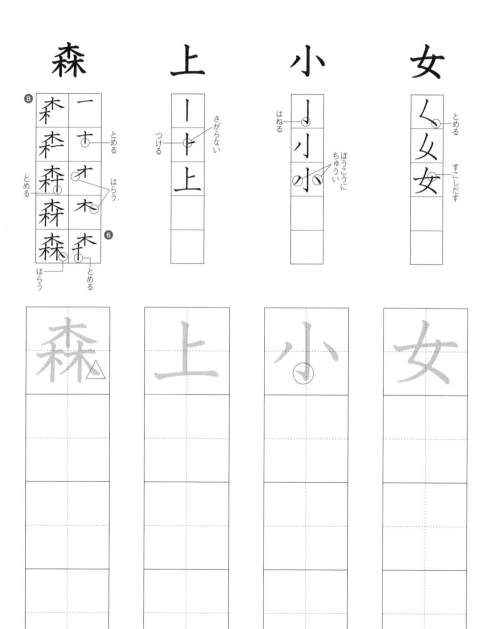

森　上　小　女

森：❽　とめる　とめる　はらう　❻　はらう　とめる

上：さがらない　つける

小：はねる　ほうこうにちゅうい

女：とめる　すこしだす

べんきょうした日《ひ》　月《がつ》　日《にち》

ステップ 11

▶▶▶▶漢字表は 90・91ページ

生　正　水　人

生：ノ　𠂉　牛　牛　生（つける・ながく）

正：一　丅　下　iF　正（つける）

水：亅　刁　氺　水（はねる・おれる・つけかたにちゅうい・はらう）

人：ノ　人（はらう・つけるところにちゅうい・はらう）

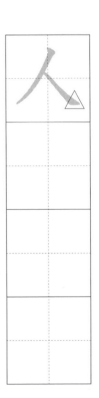

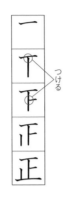

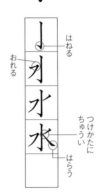

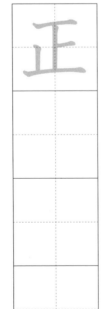

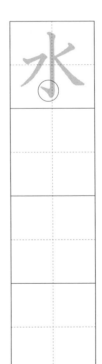

べんきょうした日《ひ》　月《がつ》　日《にち》

ステップ 12

▶▶▶▶ 漢字表は 94・95ページ

赤　石　夕　青

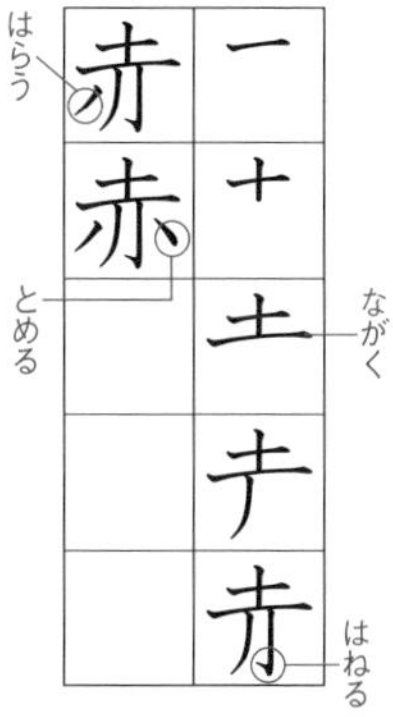

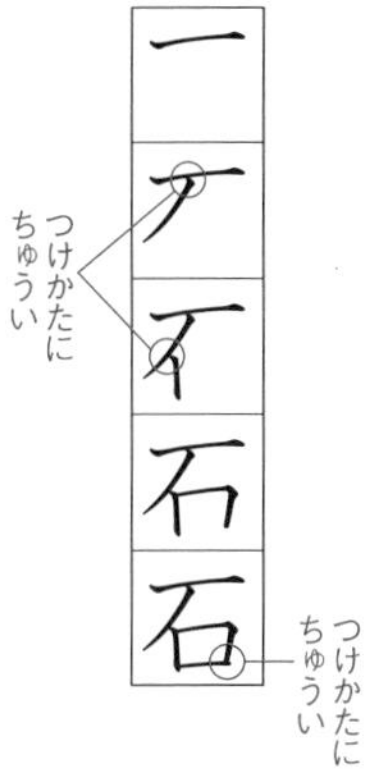

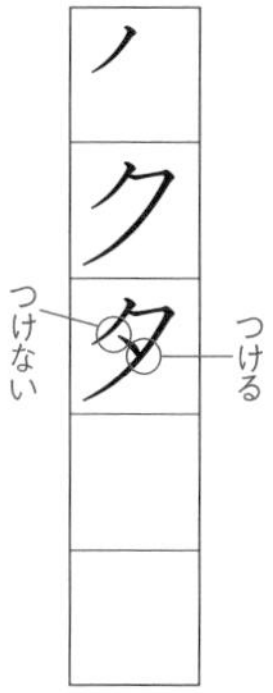

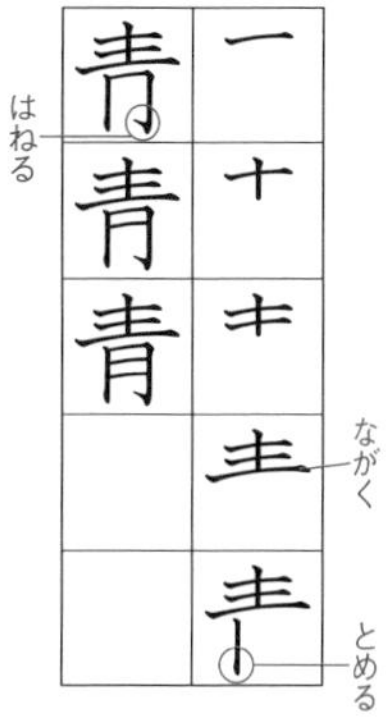

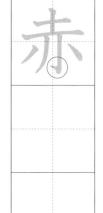

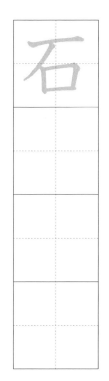

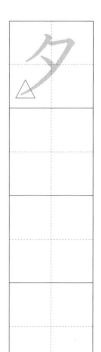

▶▶▶▶漢字表は98・99ページ

千

一　二　千

とめる

川

ノ　川　川

はらう

とめる

先

ノ　𠂉　⺧　生　先　先

つける

はらう

つけるところにちゅうい

まがりかたにちゅうい

上へはねる

早

丨　口　日　日　旦　早

つける

つけかたにちゅうい

ながく

早　先　川　千

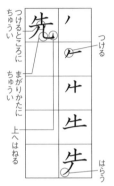

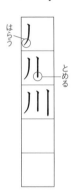

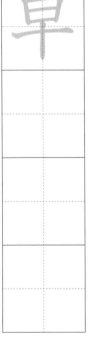

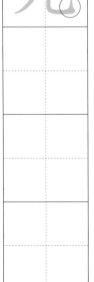

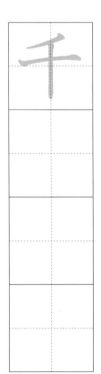

▶▶▶▶▶ 漢字表は 102・103ページ

大

一　ナ　大

とめる
つけかたにちゅうい
はらう

村

一　十　才　木　木一　村　村

とめる
はらう
とめる
はねる

足

丨　口　口　𠮛　𠯁　⻊　足

つける
ほうこうとながさにちゅうい
はらう

草

一　十　廿　艹　芇　苩　苷　荁　草

ながく

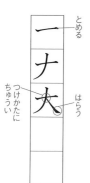

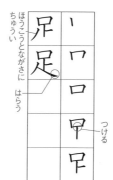

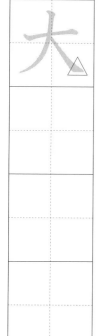

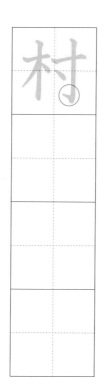

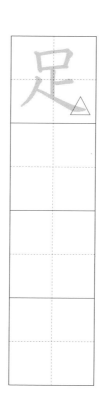

べんきょうした日《ひ》　月《がつ》　日《にち》

ステップ 15

▶▶▶▶ 漢字表は 106・107ページ

虫

虫　丶　口　口　中　虫

とめる

つけかたにちゅうい

すこし右上がりに

中

丶　口　口　中

つけかたにちゅうい

竹

竹　ノ　𠂉　𠂉　⺮　⺮

はねる

とめる

男

男　男　丶　口　田　田　田

はねる

つけかたにちゅうい

虫　中　竹　男

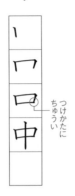

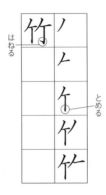

▶▶▶▶漢字表は114・115ページ

土

一　十　土

とめる

ながく

田

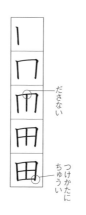

ださない

つけかたに ちゅうい

天

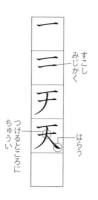

一　二　天

すこし みじかく

つけるところに ちゅうい

はらう

町

田　町

はねる

土　田　天　町

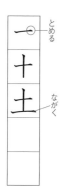

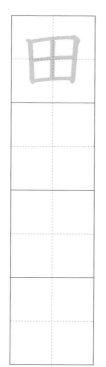

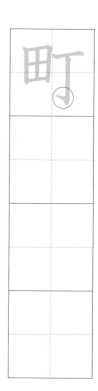

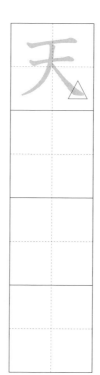

▶▶▶▶ 漢字表は118・119ページ

年　入　日　二

年：つける　だす

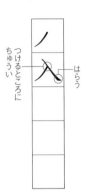

入：つけるところにちゅうい　はらう

日：つけかたにちゅうい

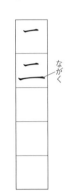

二：ながく

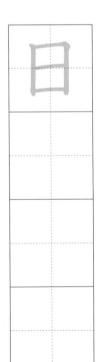

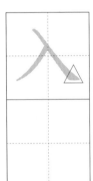

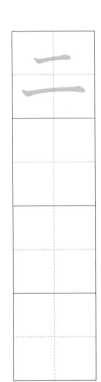

▶▶▶▶漢字表は 122・123ページ

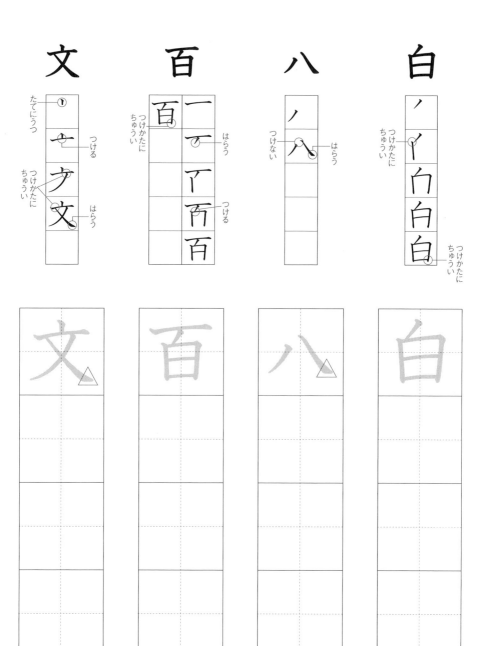

文　百　八　白

文

たてにうつ
つける
つけかたにちゅうい
はらう

百

つけかたにちゅうい
はらう
つける

八

つけない
はらう

白

つけかたにちゅうい
つけかたにちゅうい

文　百　八　白

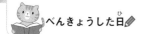

▶▶▶▶ 漢字表は 126・127ページ

目

丨 冂 月 月 目

つけかたにちゅうい

名

ノ ク 夕 夕 名 名

つけない

つけかたにちゅうい

つけかたにちゅうい

本

一 十 才 木 本

とめる

つけない

木

一 十 才 木

とめる

はらう

はらう

目 名 本 木

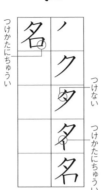

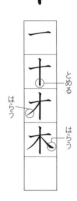

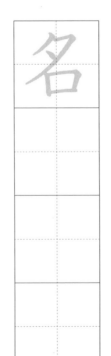

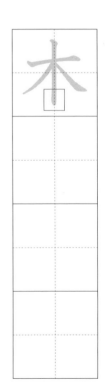

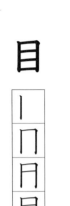

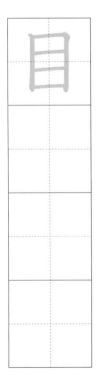

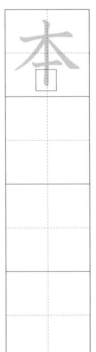

▶▶▶▶漢字表は130・131ページ

六　林　力　立

六：たてにうつ　つける　とめる

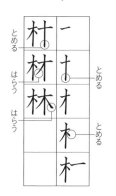

林：とめる　はらう　はらう　とめる　とめる

力：はねる　はらう

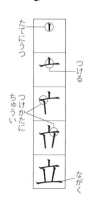

立：たてにうつ　つける　つけかたにちゅうい　ながく

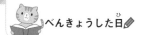

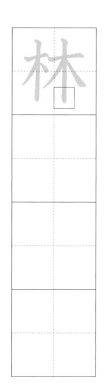

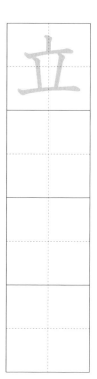

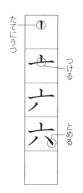

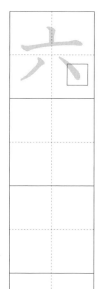

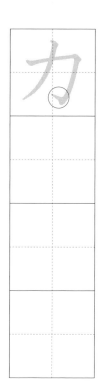

漢字って楽しい！

漢字《かんじ》は、むずかしそうに
みえますが、絵《え》から
できた　ものもあるのです。
そう思《おも》って　ながめて　みたら、
なんだか　漢字《かんじ》の　学習《がくしゅう》が
楽《たの》しく　なって　きませんか。

「漢検」級別 主な出題内容

10級 …対象漢字数 80字
漢字の読み／漢字の書取／筆順・画数

9級 …対象漢字数 240字
漢字の読み／漢字の書取／筆順・画数

8級 …対象漢字数 440字
漢字の読み／漢字の書取／部首・部首名／筆順・画数／送り仮名／対義語／同じ漢字の読み

7級 …対象漢字数 642字
漢字の読み／漢字の書取／部首・部首名／筆順・画数／送り仮名／対義語／同音異字／三字熟語

6級 …対象漢字数 835字
漢字の読み／漢字の書取／部首・部首名／筆順・画数／送り仮名／対義語・類義語／同音・同訓異字／三字熟語／熟語の構成

5級 …対象漢字数 1026字
漢字の読み／漢字の書取／部首・部首名／筆順・画数／送り仮名／対義語・類義語／同音・同訓異字／誤字訂正／四字熟語／熟語の構成

4級 …対象漢字数 1339字
漢字の読み／漢字の書取／部首・部首名／送り仮名／対義語・類義語／同音・同訓異字／誤字訂正／四字熟語／熟語の構成

3級 …対象漢字数 1623字
漢字の読み／漢字の書取／部首・部首名／送り仮名／対義語・類義語／同音・同訓異字／誤字訂正／四字熟語／熟語の構成

準2級 …対象漢字数 1951字
漢字の読み／漢字の書取／部首・部首名／送り仮名／対義語・類義語／同音・同訓異字／誤字訂正／四字熟語／熟語の構成

2級 …対象漢字数 2136字
漢字の読み／漢字の書取／部首・部首名／送り仮名／対義語・類義語／同音・同訓異字／誤字訂正／四字熟語／熟語の構成

準1級 …対象漢字数 約3000字
漢字の読み／漢字の書取／故事・諺／対義語・類義語／同音・同訓異字／誤字訂正／四字熟語

1級 …対象漢字数 約6000字
漢字の読み／漢字の書取／故事・諺／対義語・類義語／同音・同訓異字／誤字訂正／四字熟語

※ここに示したのは出題分野の一例です。毎回すべての分野から出題されるとは限りません。また、このほかの分野から出題されることもあります。

日本漢字能力検定採点基準 最終改定：平成25年4月1日

❶ 採点の対象
筆画を正しく、明確に書かれた字を採点の対象とし、くずした字や、乱雑に書かれた字は採点の対象外とする。

❷ 字種・字体
① 2～10級の解答は、内閣告示「常用漢字表」（平成二十二年）による。ただし、旧字体での解答は正答とは認めない。
② 1級および準1級の解答は、『漢検要覧 1／準1級対応』（公益財団法人日本漢字能力検定協会発行）に示す「標準字体」「許容字体」「旧字体一覧表」による。

❸ 読み
① 2～10級の解答は、内閣告示「常用漢字表」（平成二十二年）による。
② 1級および準1級の解答には、①の規定は適用しない。

❹ 仮名遣い
仮名遣いは、内閣告示「現代仮名遣い」による。

❺ 送り仮名
送り仮名は、内閣告示「送り仮名の付け方」による。

❻ 部首
部首は、『漢検要覧 2～10級対応』（公益財団法人日本漢字能力検定協会発行）収録の「部首一覧表と部首別の常用漢字」による。

❼ 筆順
筆順の原則は、文部省編『筆順指導の手びき』（昭和三十三年）による。常用漢字一字一字の筆順は、『漢検要覧 2～10級対応』収録の「常用漢字の筆順一覧」による。

❽ 合格基準

級	満点	合格
1級／準1級／2級	二〇〇点	八〇％程度
準2級／3級／4級／5級／6級／7級	二〇〇点	七〇％程度
8級／9級／10級	一五〇点	八〇％程度

※部首、筆順は『漢検 漢字学習ステップ』など公益財団法人日本漢字能力検定協会発行図書でも参照できます。

日本漢字能力検定審査基準

10級

程度　小学校第1学年の学習漢字を理解し、文や文章の中で使える。

領域・内容

《読むことと書くこと》　小学校学年別漢字配当表の第1学年の学習漢字を読み、書くことができる。

《筆順》　点画の長短、接し方や交わり方、筆順および総画数を理解している。

9級

程度　小学校第2学年までの学習漢字を理解し、文や文章の中で使える。

領域・内容

《読むことと書くこと》　小学校学年別漢字配当表の第2学年までの学習漢字を読み、書くことができる。

《筆順》　点画の長短、接し方や交わり方、筆順および総画数を理解している。

8級

程度　小学校第3学年までの学習漢字を理解し、文や文章の中で使える。

領域・内容

《読むことと書くこと》　小学校学年別漢字配当表の第3学年までの学習漢字を読み、書くことができる。

- 音読みと訓読みとを理解していること
- 送り仮名に注意して正しく書けること（食べる、楽しい、後ろ　など）
- 対義語の大体を理解していること（勝つ―負ける、重い―軽い　など）
- 同音異字を理解していること（反対、体育、期待、太陽　など）

《筆順》　筆順、総画数を正しく理解している。

《部首》　主な部首を理解している。

7級

程度　小学校第4学年までの学習漢字を理解し、文章の中で正しく使える。

領域・内容

《読むことと書くこと》　小学校学年別漢字配当表の第4学年までの学習漢字を読み、書くことができる。

- 音読みと訓読みとを正しく理解していること
- 送り仮名に注意して正しく書けること（等しい、短い、流れる　など）
- 熟語の構成を知っていること
- 対義語の大体を理解していること（入学―卒業、成功―失敗　など）
- 同音異字を理解していること（健康、高校、公共、外交　など）

《筆順》　筆順、総画数を正しく理解している。

《部首》　部首を理解している。

6級

程度　小学校第5学年までの学習漢字を理解し、文章の中で漢字が果たしている役割を知り、正しく使える。

領域・内容

《読むことと書くこと》　小学校学年別漢字配当表の第5学年までの学習漢字を読み、書くことができる。

- 音読みと訓読みとを正しく理解していること
- 送り仮名や仮名遣いに注意して正しく書けること（求める、失う　など）
- 熟語の構成を知っていること（上下、絵画、大木、読書、不明　など）
- 対義語、類義語の大体を理解していること（禁止―許可、平等―均等　など）
- 同音・同訓異字を正しく理解していること

《筆順》　筆順、総画数を正しく理解している。

《部首》　部首を理解している。

5級

程度　小学校第6学年までの学習漢字を理解し、文章の中で漢字が果たしている役割に対する知識を身に付け、漢字を文章の中で適切に使える。

領域・内容

《読むことと書くこと》　小学校学年別漢字配当表の第6学年までの学習漢字を読み、書くことができる。

- 音読みと訓読みとを正しく理解していること
- 送り仮名や仮名遣いに注意して正しく書けること
- 熟語の構成を知っていること
- 対義語、類義語を正しく理解していること
- 同音・同訓異字を正しく理解していること

《四字熟語》　四字熟語を正しく理解している（有名無実、郷土芸能　など）。

《筆順》　筆順、総画数を正しく理解している。

《部首》　部首を理解し、識別できる。

4級

程度　常用漢字のうち約１３００字を理解し、文章の中で適切に使える。

領域・内容

《読むことと書くこと》　小学校学年別漢字配当表のすべての漢字と、その他の常用漢字約３００字の読み書きを習得し、文章の中で適切に使える。

- 音読みと訓読みとを正しく理解していること
- 送り仮名や仮名遣いに注意して正しく書けること
- 熟語の構成を正しく理解していること
- 熟字訓、当て字を理解していること（小豆／あずき、土産／みやげ　など）
- 対義語、類義語、同音・同訓異字を正しく理解していること

《四字熟語》　四字熟語を理解している。

《部首》　部首を識別し、漢字の構成と意味を理解している。

3級

程度　常用漢字のうち約１６００字を理解し、文章の中で適切に使える。

領域・内容

《読むことと書くこと》　小学校学年別漢字配当表のすべての漢字と、その他の常用漢字約６００字の読み書きを習得し、文章の中で適切に使える。

- 音読みと訓読みとを正しく理解していること
- 送り仮名や仮名遣いに注意して正しく書けること
- 熟語の構成を正しく理解していること
- 熟字訓、当て字を理解していること（乙女／おとめ、風邪／かぜ　など）
- 対義語、類義語、同音・同訓異字を正しく理解していること

《四字熟語》　四字熟語を理解している。

《部首》　部首を識別し、漢字の構成と意味を理解している。

※常用漢字とは、平成22年（2010年）11月30日付内閣告示による「常用漢字表」に示された2136字をいう。

準2級

程度　常用漢字のうち1951字を理解し、文章の中で適切に使える。

領域・内容

《読むことと書くこと》　1951字の漢字の読み書きを習得し、文章の中で適切に使える。

・音読みと訓読みとを正しく理解していること

・送り仮名や仮名遣いに注意して正しく書けること

・熟語の構成を正しく理解していること

・熟字訓、当て字を理解していること（硫黄／いおう、相撲／すもう　など）

・対義語、類義語、同音・同訓異字を正しく理解していること

《四字熟語》　典拠のある四字熟語を理解している（驚天動地、孤立無援　など）。

《部首》　部首を識別し、漢字の構成と意味を理解している。

※　1951字とは、昭和56年（1981年）10月1日付内閣告示による旧「常用漢字表」の1945字から「勺」「錘」「銑」「脹」「匁」の5字を除いたものに、現行の「常用漢字表」のうち、「茨」「媛」「岡」「熊」「埼」「鹿」「栃」「奈」「梨」「阪」「阜」の11字を加えたものを指す。

2級

程度　すべての常用漢字を理解し、文章の中で適切に使える。

領域・内容

《読むことと書くこと》　すべての常用漢字の読み書きに習熟し、文章の中で適切に使える。

・音読みと訓読みとを正しく理解していること

・送り仮名や仮名遣いに注意して正しく書けること

・熟語の構成を正しく理解していること

・熟字訓、当て字を理解していること（海女／あま、玄人／くろうと　など）

・対義語、類義語、同音・同訓異字などを正しく理解していること

《四字熟語》　典拠のある四字熟語を理解している（鶏口牛後、呉越同舟　など）。

《部首》　部首を識別し、漢字の構成と意味を理解している。

準1級

程度　常用漢字を含めて、約3000字の漢字の音・訓を理解し、文章の中で適切に使える。

領域・内容

《読むことと書くこと》　常用漢字の音・訓を含めて、約3000字の漢字の読み書きに慣れ、文章の中で適切に使える。

・熟字訓、当て字を理解していること

・対義語、類義語、同音・同訓異字などを理解していること

・国字を理解していること（峠、凧、畠　など）

・複数の漢字表記について理解していること（國—国、交叉—交差　など）

《四字熟語・故事・諺》　典拠のある四字熟語、故事成語・諺を正しく理解している。

《古典的文章》　古典的文章の中での漢字・漢語を理解している。

※　約3000字の漢字は、JIS第一水準を目安とする。

1級

程度　常用漢字を含めて、約6000字の漢字の音・訓を理解し、文章の中で適切に使える。

領域・内容

《読むことと書くこと》　常用漢字の音・訓を含めて、約6000字の漢字の読み書きに慣れ、文章の中で適切に使える。

・熟字訓、当て字を理解していること

・対義語、類義語、同音・同訓異字などを理解していること

・国字を理解していること（怺える、毟る　など）

・地名・国名などの漢字表記（当て字の一種）を知っていること

・複数の漢字表記について理解していること（鹽—塩、颱風—台風　など）

《四字熟語・故事・諺》　典拠のある四字熟語、故事成語・諺を正しく理解している。

《古典的文章》　古典的文章の中での漢字・漢語を理解している。

※　約6000字の漢字は、JIS第一・第二水準を目安とする。

※常用漢字とは、平成22年（2010年）11月30日付内閣告示による「常用漢字表」に示された2136字をいう。

個人受検の申し込みについて　申し込みから合否の通知まで

1 受検級を決める

受検資格　制限はありません

実施級　1、準1、2、準2、3、4、5、6、7、8、9、10級

検定会場　全国主要都市約170か所に設置
（実施地区は検定の回ごとに決定）

2 検定に申し込む

インターネットにてお申し込みください。

ホームページ https://www.kanken.or.jp/ からお申し込みができます（クレジットカード決済、コンビニ決済が可能です）。

下記の二次元コードから日本漢字能力検定協会ホームページへ簡単にアクセスできます。

※申込方法など、変更になることがございます。最新の情報はホームページをご確認ください。

注意

①家族・友人と同じ会場での受検を希望する方は、検定料のお支払い完了後、申込締切日の2営業日後までに協会（お問い合わせフォーム）までお知らせください。

②障がいがあるなど、身体的・精神的な理由により、受検上の配慮を希望される方は、申込締切日までに協会（お問い合わせフォーム）までご相談ください（申込締切日以降のお申し出には対応できかねます）。

③検定料を支払われた後は、受検級・受検地を含む内容変更および取り消し・返金は、いかなる場合もできません。また、次回以降の振り替え、団体受検や漢検CBTへの変更もできません。

3 受検票が届く

受検票は検定日の約1週間前にお届けします。4日前になっても届かない場合、協会までお問い合わせください。

お問い合わせ窓口

電話番号　フリーコール **0120-509-315**（無料）
（海外からはご利用いただけません。ホームページよりメールでお問い合わせください。）

お問い合わせ時間　月～金　9時00分～17時00分
（祝日・お盆・年末年始を除く）
※検定日とその前日の土、日は開設
※検定日は9時00分～18時00分

メールフォーム　https://www.kanken.or.jp/kanken/contact/

4 検定日当日

検定時間

2級　：10時00分～11時00分（60分間）
準2級　：11時50分～12時50分（60分間）
8・9・10級　：11時50分～12時30分（40分間）
1・3・5・7級　：13時40分～14時40分（60分間）
準1・4・6級　：15時30分～16時30分（60分間）

持ち物

受検票、鉛筆（HB、B、2Bの鉛筆またはシャープペンシル）、消しゴム
※ボールペン、万年筆などの使用は認められません。ルーペ持ち込み可。

注意

①会場への車での来場（送迎を含む）は、周辺の迷惑になりますのでご遠慮ください。
②検定開始時刻の15分前を目安に受検教室までお越しください。答案用紙の記入方法などを説明します。
③携帯電話やゲーム、電子辞書などは、電源を切り、かばんにしまってから入場してください。
④検定中は受検票を机の上に置いてください。
⑤答案用紙には、あらかじめ名前や生年月日などが印字されています。
⑥検定日の約5日後に漢検ホームページにて標準解答を公開します。

5 合否の通知

検定日の約40日後に、受検者全員に「検定結果通知」を郵送します。合格者には「合格証書」・「合格証明書」を同封します。欠席者には検定問題と標準解答をお送りします。
受検票は検定結果が届くまで大切に保管してください。

注目

進学・就職に有利！
合格者全員に合格証明書発行

大学・短大の推薦入試の提出書類に、また就職の際の履歴書に添付してあなたの漢字能力をアピールしてください。合格者全員に、合格証書と共に合格証明書を2枚、無償でお届けいたします。

合格証明書が追加で必要な場合は有償で再発行できます。

次の❶～❹を同封して、協会までお送りください。約1週間後、お手元にお届けします。

❶合格証明書再発行申請書（漢検ホームページよりダウンロード可能）もしくは氏名・住所・電話番号・生年月日、および受検年月日・受検級を明記したもの
❷本人確認資料（学生証、運転免許証、健康保険証など）のコピー
❸住所・氏名を表に明記し切手を貼《は》った返信用封筒
❹証明書1枚につき発行手数料として500円の定額小為替

団体受検の申し込み

学校や企業などで志願者が一定以上まとまると、団体申込ができ、自分の学校や企業内で受検できる制度もあります。団体申込を扱っているかどうかは先生や人事関係の担当者に確認してください。

「漢検」受検の際の注意点

【字の書き方】

問題の答えは楷書で大きくはっきり書きなさい。乱雑な字や続け字、また、行書体や草書体のようにくずした字は採点の対象とはしません。

特に漢字の書き取り問題では、答えの文字は教科書体をもとにして、はねるところ、とめるところなどもはっきり書きましょう。また、画数に注意して、一画一画を正しく、明確に書きなさい。

《例》

○熱　×熱

○言　×言

○糸　×糸

【字種・字体について】

(1)日本漢字能力検定2～10級においては、「常用漢字表」に示された字種で書きなさい。つまり、表外漢字（常用漢字表にない漢字）を用いると、正答とは認められません。

《例》

○交差点　×交叉点　（「叉」が表外漢字）

○寂しい　×淋しい　（「淋」が表外漢字）

(2)日本漢字能力検定2～10級においては、「常用漢字表」に示された字体で書きなさい。なお、「常用漢字表」に参考として示されている康熙《こうき》字典体など、旧字体と呼ばれているものを用いると、正答とは認められません。

《例》

○真　×眞

○飲　×飮

○弱　×弱

○渉　×涉

○迫　×迫

(3)一部例外として、平成22年告示「常用漢字表」で追加された字種で、許容字体として認められているものや、その筆写文字と印刷文字との差が習慣の相違に基づくとみなせるものは正答と認めます。

《例》

餌 ➡ 餌 と書いても可

遜 ➡ 遜 と書いても可

葛 ➡ 葛 と書いても可

溺 ➡ 溺 と書いても可

箸 ➡ 箸 と書いても可

注意

(3)において、どの漢字が当てはまるかなど、一字一字については、当協会発行図書（2級対応のもの）掲載の漢字表で確認してください。

公益財団法人 日本漢字能力検定協会

漢検

改訂二版

漢検 漢字学習 ステップ 10級

漢検 公益財団法人 日本漢字能力検定協会

もくじ

この本《ほん》の つかいかた

この本は 80字《じ》の 漢字《かんじ》（小学校《しょうがっこう》1年生《ねんせい》で ならう 漢字）を 中心《ちゅうしん》に、たのしく 学《まな》べるように なって います。漢字の 力《ちから》を つけ、日本《にほん》漢字能力検定《のうりょくけんてい》（漢検《かんけん》）10級《きゅう》の ごうかくを めざして ください。

ひらがな 編《へん》

たのしい えを 見《み》ながら

ひらがな・カタカナを 書《か》く れんしゅうを しよう

漢字 編

1 漢字表

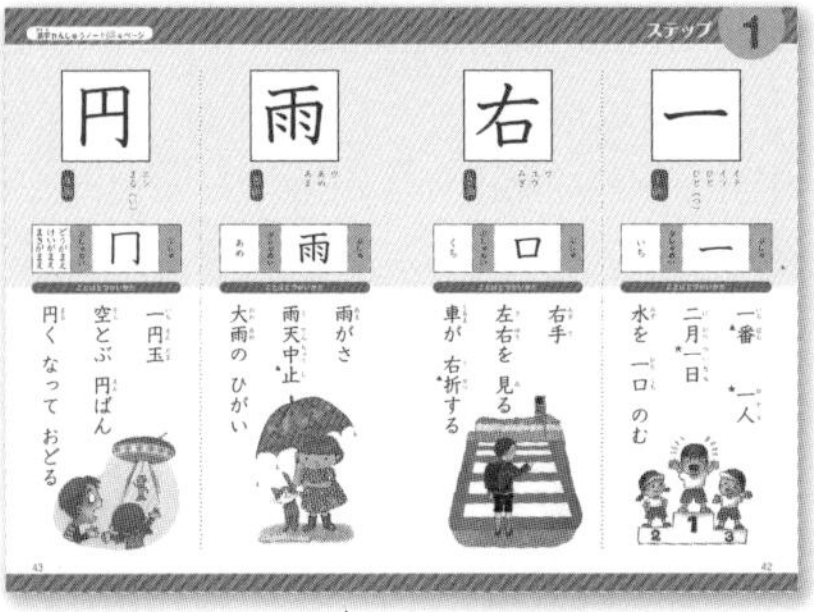

2 れんしゅう

漢字れんしゅうノート

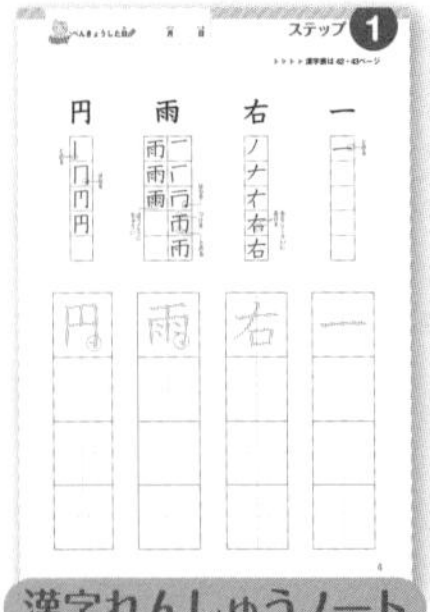

れんしゅうもんだい

3 力《ちから》だめし

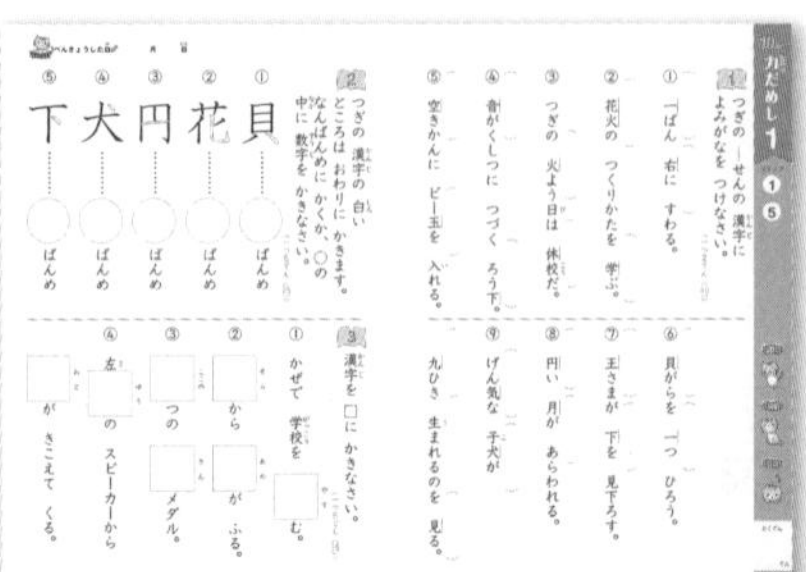

1 漢《かん》字《じ》表《ひょう》

新《あたら》しく 学《まな》ぶ 漢字

１ステップに ４字ずつ、五十音《ごじゅうおん》じゅん（アイウエオじゅん）に ならんで います。

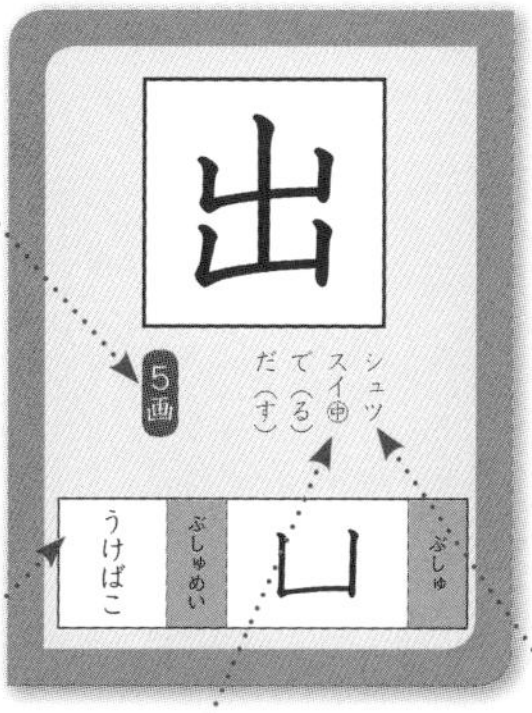

● よみ

カタカナは 音《おん》よみ
ひらがなは 訓《くん》よみ
（ ）の 中《なか》は、おくりがな

● 中学校《ちゅうがっこう》よみ・高校《こうこう》よみ

㊥…中学校で ならう よみかたで、４級以上《きゅういじょう》で 出題対象《しゅつだいたいしょう》と なります。

(高)…高校で ならう よみかたで、準《じゅん》２級以上で 出題対象と なります。

● ぶしゅ・ぶしゅめい

ぶしゅは 漢字の ぶんるい（なかまわけ）
ぶしゅめいは その 名《な》まえ

● 漢字の 画数《かくすう》

漢字は、点《てん》や 線《せん》の くみあわせで できて います。
この 点や 線を 画《かく》と いいます。
この 漢字が 何画《なんかく》で 書《か》かれて いるかを しめして います。

ことばと つかいかた

ここに あげた ものの ほかにも、いろいろな ことばと つかいかたが あります。

◎上《うえ》の 級の よみかた

中学校 または 高校で ならう よみかた

▲上の 級（9／8／7級など）の 漢字

★とくべつな よみかた

じゅくご（漢字が 二《ふた》つ以上 くみあわされて、いみを もつ 一《ひと》つの ことばに なったもの）の 中には、ことばとして よむ とき、「下手《へた》」のように、とくべつな よみかたを する ものが あります。

漢字《かん》《じ》れんしゅうノート

漢字を 書《か》いて みましょう。

漢字は、ステップの じゅんばん どおりに、れんしゅうできるように なって います。

＊ととのった 漢字を 書くために ちゅういすると よい こと

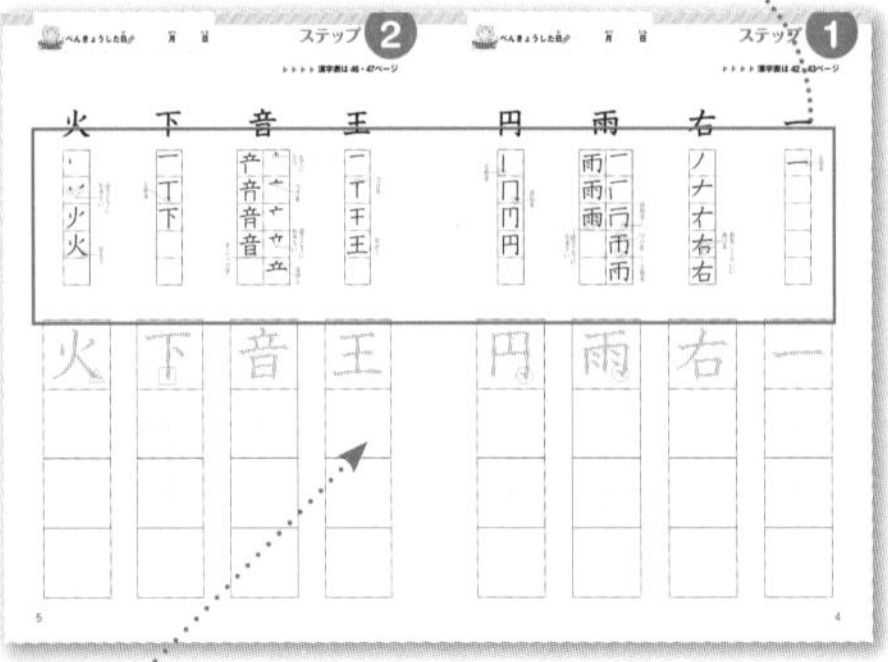

見本《み》《ほん》を みながら 漢字を 書いて みましょう。

2 れんしゅうもんだい

もんだいを といて みましょう。

答《こた》えは、べっさつ（本《ほん》から とりはずせます）に まとめました。本の さいごに ついて います。

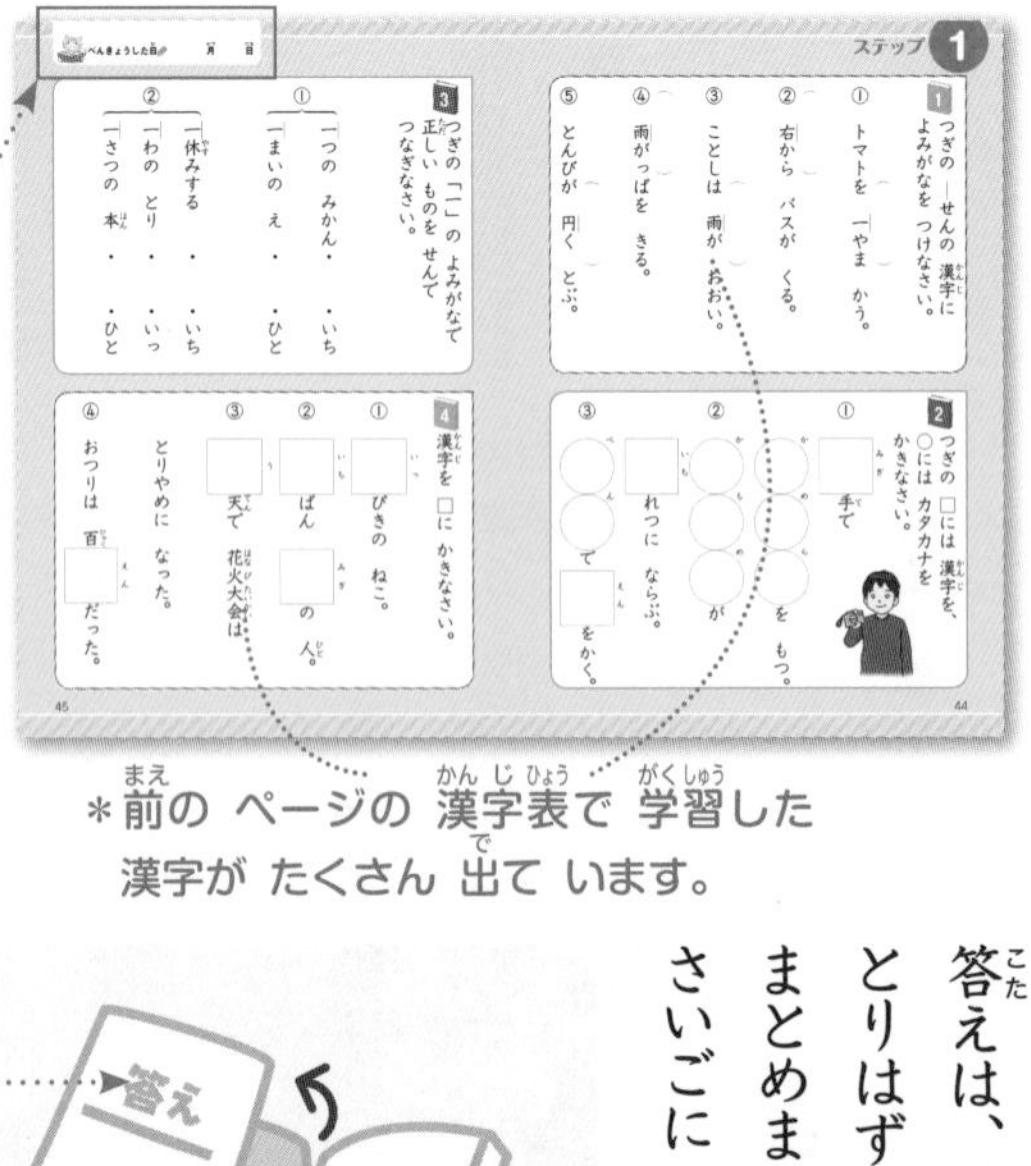

＊前《まえ》の ページの 漢字表《かん》《じ》《ひょう》で 学習《がくしゅう》した 漢字が たくさん 出《で》て います。

べんきょうした 日《ひ》を 書きこみましょう。

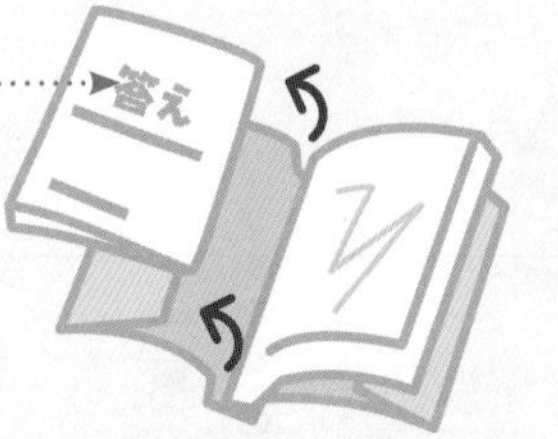

＊答えには、かいせつ「ステップアップメモ」も ついて います。

なくさないように ちゅういしましょう。

3 力《ちから》だめし・まとめテスト

力を ためして みましょう。
ステップ5回分《かいぶん》が おわったら、力だめしに チャレンジ。
さいごは、まとめテストに チャレンジしましょう。

力《ちから》だめし

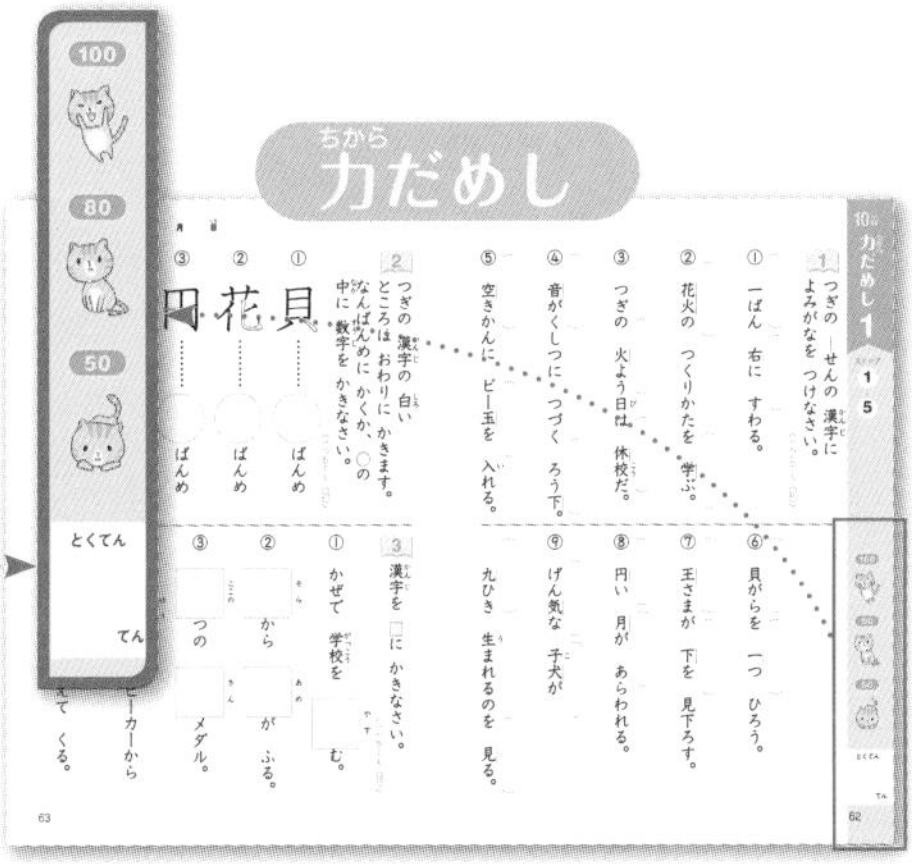

答《こた》えあわせを したら、とくてんを 書《か》きこみましょう。

まとめテスト

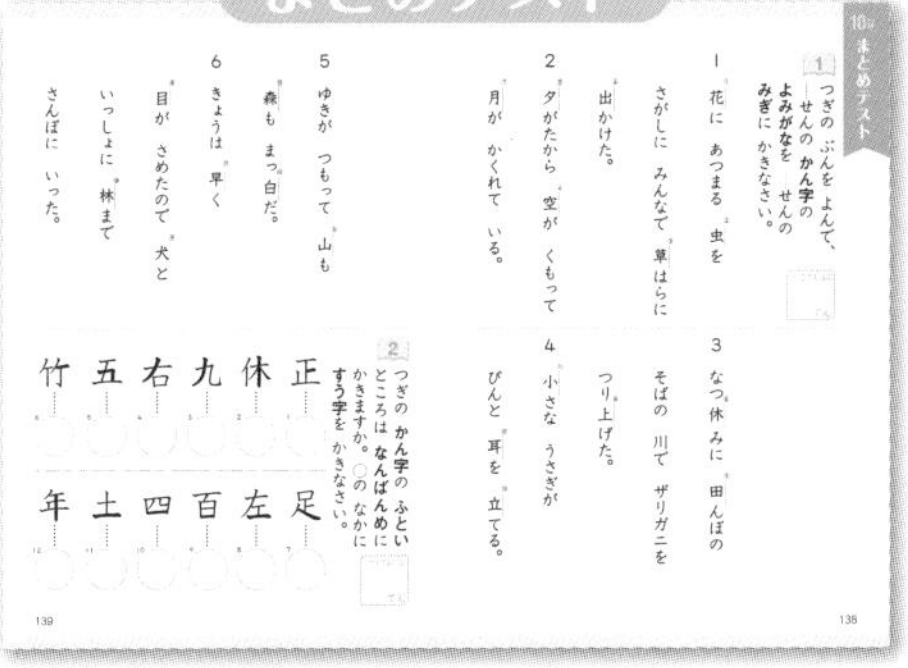

クイズであそぼ！

力だめしの あとには、たのしい クイズの ページが あります。

ひらがなひょう

ん	わ	ら	や	ま	は	な	た	さ	か	あ
		り		み	ひ	に	ち	し	き	い
		る	ゆ	む	ふ	ぬ	つ	す	く	う
		れ		め	へ	ね	て	せ	け	え
	を	ろ	よ	も	ほ	の	と	そ	こ	お

カタカナひょう

ン	ワ	ラ	ヤ	マ	ハ	ナ	タ	サ	カ	ア
		リ		ミ	ヒ	ニ	チ	シ	キ	イ
		ル	ユ	ム	フ	ヌ	ツ	ス	ク	ウ
		レ		メ	ヘ	ネ	テ	セ	ケ	エ
	ヲ	ロ	ヨ	モ	ホ	ノ	ト	ソ	コ	オ

ひらがな編《へん》

もくじ

ステップ 1 はると あそぼう!

ことばみっけ！

つぎの なまえを もつ えが どこに あるか さがして みましょう。

ことり	ひつじ
おたまじゃくし	かめ
もんしろちょう	つくし
つりざお	たいよう

ステップ 1

ひらがなの れんしゅうを しましょう。

たんぽぽ

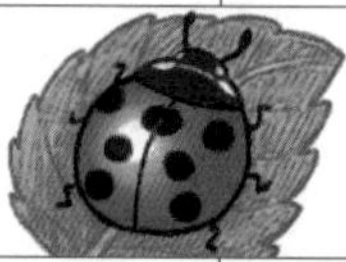

てんとうむし

かえる

いぬ

ざりがに

おなじ　よみかたでも、いみの　ちがう
ことばが　あります。えを　みて、□に
ひらがなを　かきましょう。

□□　□□　□□　□□

したの　えを　ヒントに、□に　ひらがなを
かいて、せんで　むすびましょう。

□つじ　さく□　□くし　め□か

ステップ 2

なつと あそぼう!

ことばみつけ！

**つぎの なまえを もつ えが
どこに あるか さがして
みましょう。**

かもめ
ビーチパラソル
すいちゅうめがね
とびうお
たこ
くじら
うきわ
かに

ステップ 2

ひらがなの れんしゅうを しましょう。

かもめ

うみ

すなはま

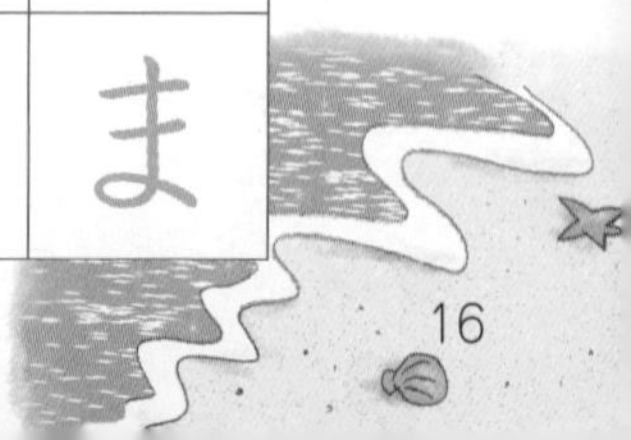

なみのり

かに

しま

ことばの なかに どうぶつが かくれて います。□に ひらがなを かきましょう。

□□ふ

ぼ□□

□□ん

○に カタカナを かいて、ぶんを つくりましょう。

あおい うみを ○《よ》○《っ》○《と》が はしる。

すなはまに ○《び》ー○《ち》○《ぱ》○《ら》○《そ》○《る》を たてる。

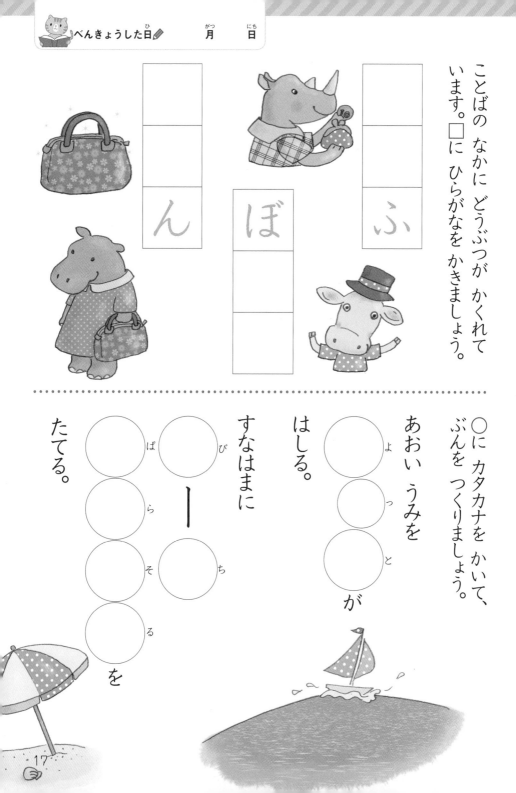

ステップ 3

おかいもの たのしいな

ことばみっけ！

つぎの なまえを もつ えが
どこに あるか さがして
みましょう。

ようふく　　ぼうし
えんぴつ　　ふでばこ
プラモデル　　ふうせん
ほうせき　　ゆびわ

ステップ 3

ひらがなの れんしゅうを しましょう。

ぶんぼうぐ

おもちゃ

つみき

ぬいぐるみ

ぼうし

えのぐ

くつ

びんせん

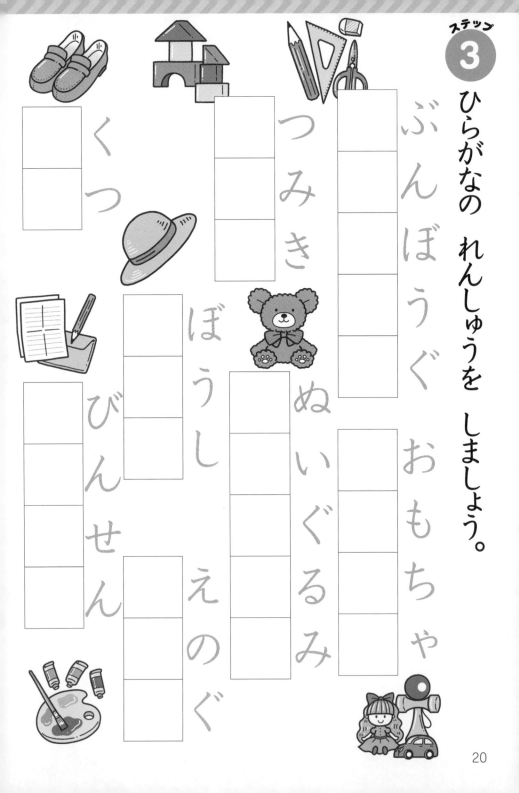

べんきょうした日《ひ》　　月《がつ》　　日《にち》

「お」のだんの　ことばで　しりとりを　します。
□に　どんな　ことばが　はいるか、かきましょう。

あいうえ　□んぷ

かきくけ　□おり

さしすせ　□うじ

たちつて　□かげ

なにぬね　□はら

はひふへ　□たる
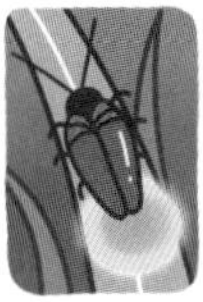

まみむめ　□ぐら

や（い）ゆ（え）　□つば

らりるれ　□うか

がぎぐげ　□はん

ざじずぜ　□うり
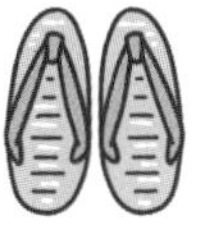

だぢづで　□せい

ばびぶべ　□たん
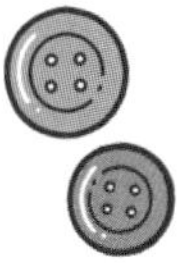

ぱぴぷぺ　□っと

ステップ 4

あきと　あそぼう！

ことばみっけ！

つぎの なまえを もつ えが どこに あるか さがして みましょう。

あかとんぼ
きのこ
りす
かき
しか
さる
うさぎ
どんぐり

ステップ
4

ひらがなの れんしゅうを しましょう。

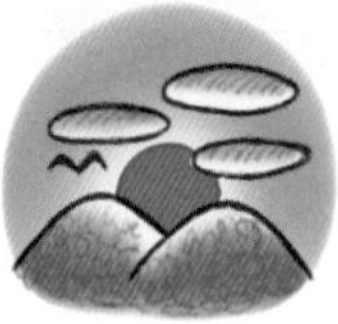

ゆうやけ

あかとんぼ

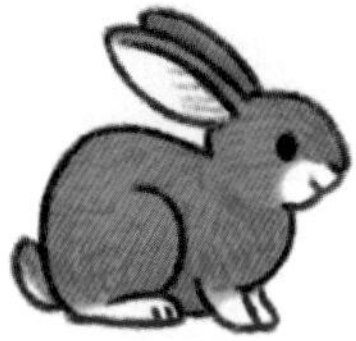

うさぎ

すずむし

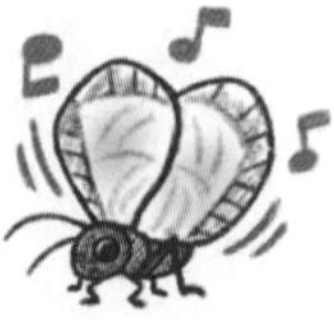

もみじ

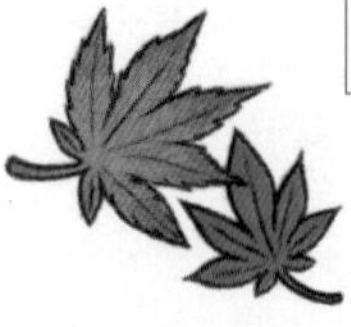

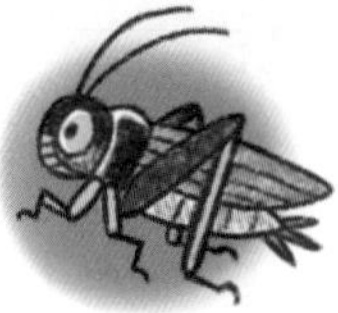

こおろぎ

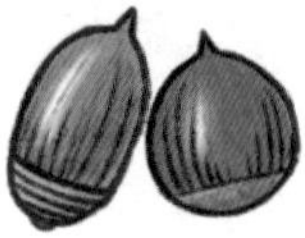

どんぐり

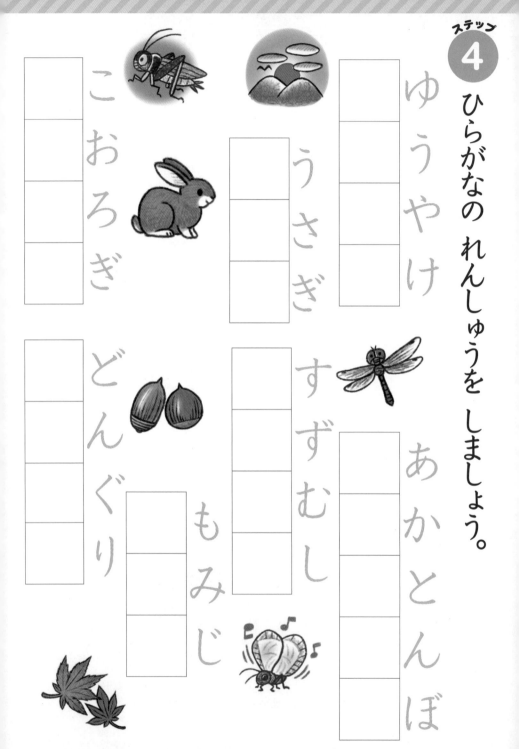

えを みて、よくにた ふたつの ことばを
□に ひらがなで かきましょう。

さか と □□

みせ と □□

みるく と □□□

したの えを みて、□に ひらがなを
かいて せんで むすびましょう。

か□

きつ□

さ□

き□こ

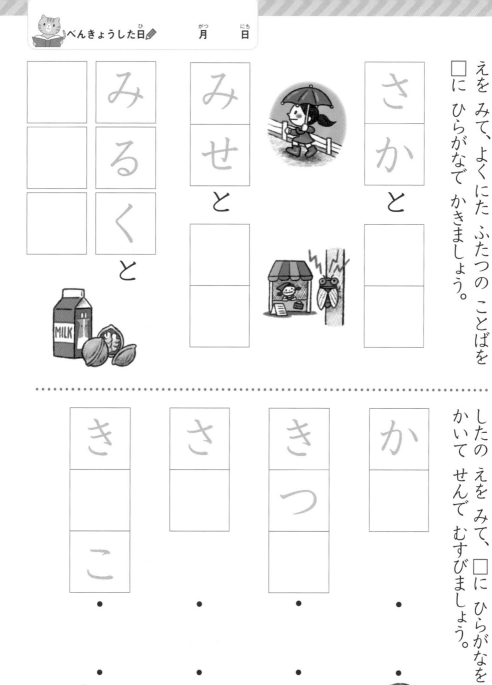

ステップ 5

ふゆと あそぼう!

ことばみっけ！

つぎの なまえを もつ えが どこに あるか さがして みましょう。

サンタクロース　みかん
ゆきだるま　マフラー
きょうかい　ろうそく
ゆきがっせん　プレゼント

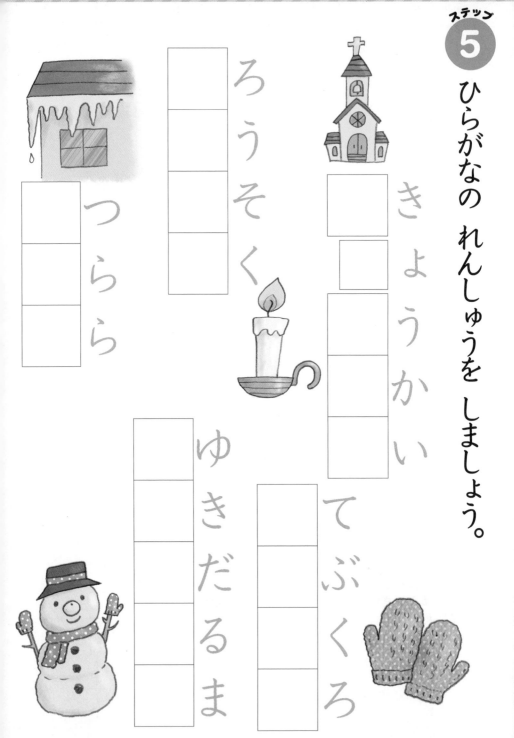

ステップ 5

ひらがなの れんしゅうを しましょう。

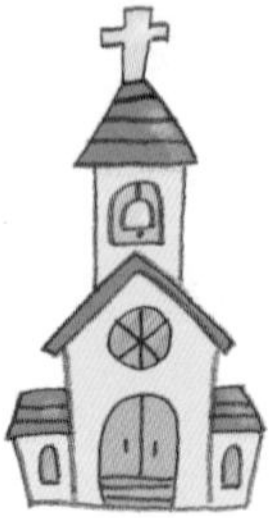

きょうかい

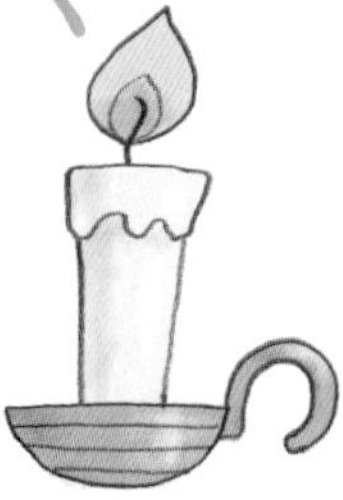

ろうそく

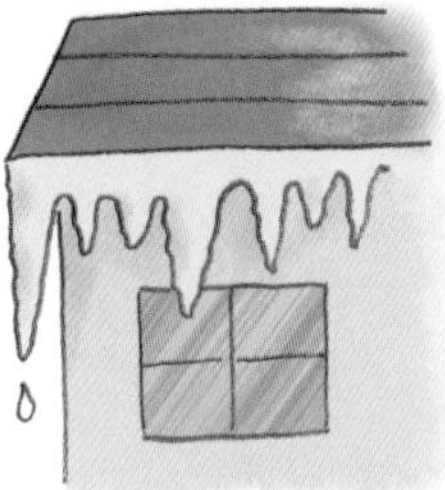

つらら

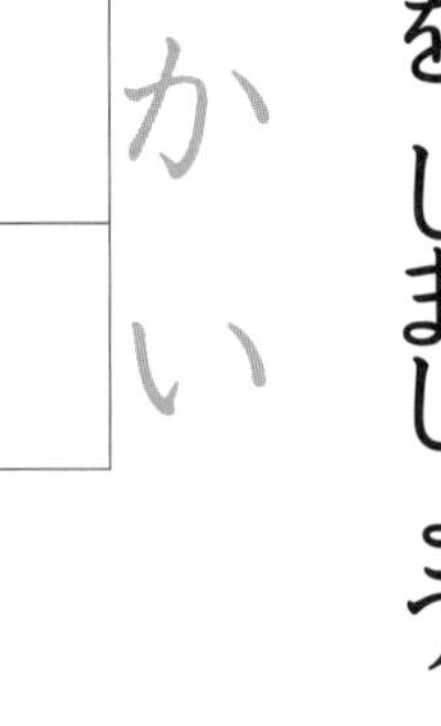

てぶくろ

ゆきだるま

えを みながら、かずを かぞえる ことばを かきましょう。

くるまが 1《いち》

2《に》 の いえ

カードが 3《さん》

4《よん》 の ろうそく

プレゼントは 5《ご》

いぬが 6《ろっ》

7《なな》 の みかん

ほしが 8《はち》

9《きゅう》 の ことり

こどもが 10《じゅう》

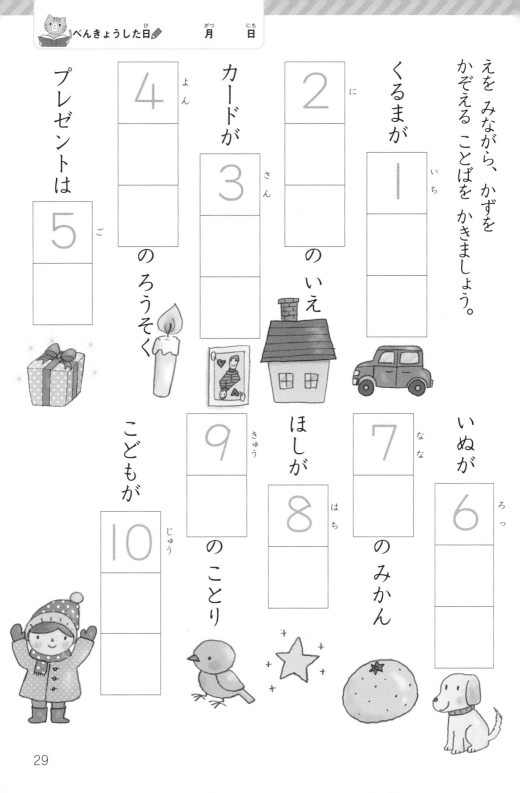

ステップ 6

スポーツがんばるぞ

ことばみっけ！

つぎの なまえを もつ えが
どこに あるか さがして
みましょう。

バスケットボール　ゴール
ホームラン　グローブ
やきゅう　せんしゅ
ボール　バット

ステップ 6

カタカナの れんしゅうを しましょう。

さっかー

しゅーと

らけっと

ほいっする

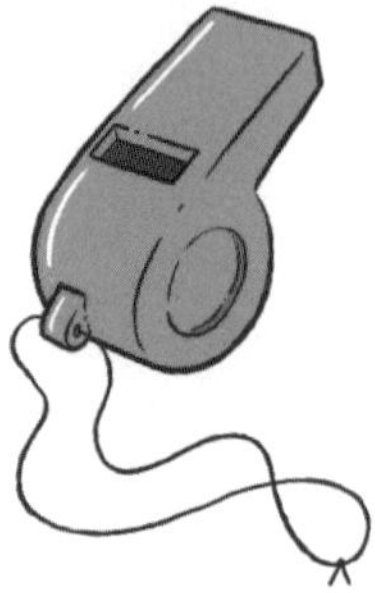

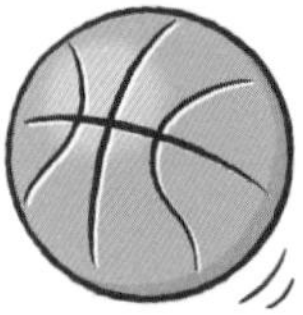

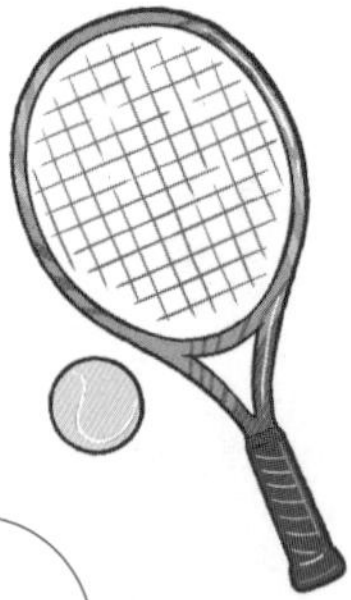

ばっと

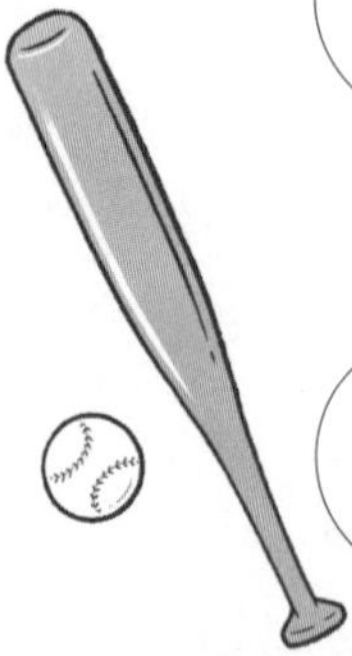

ばすけっとぼーる

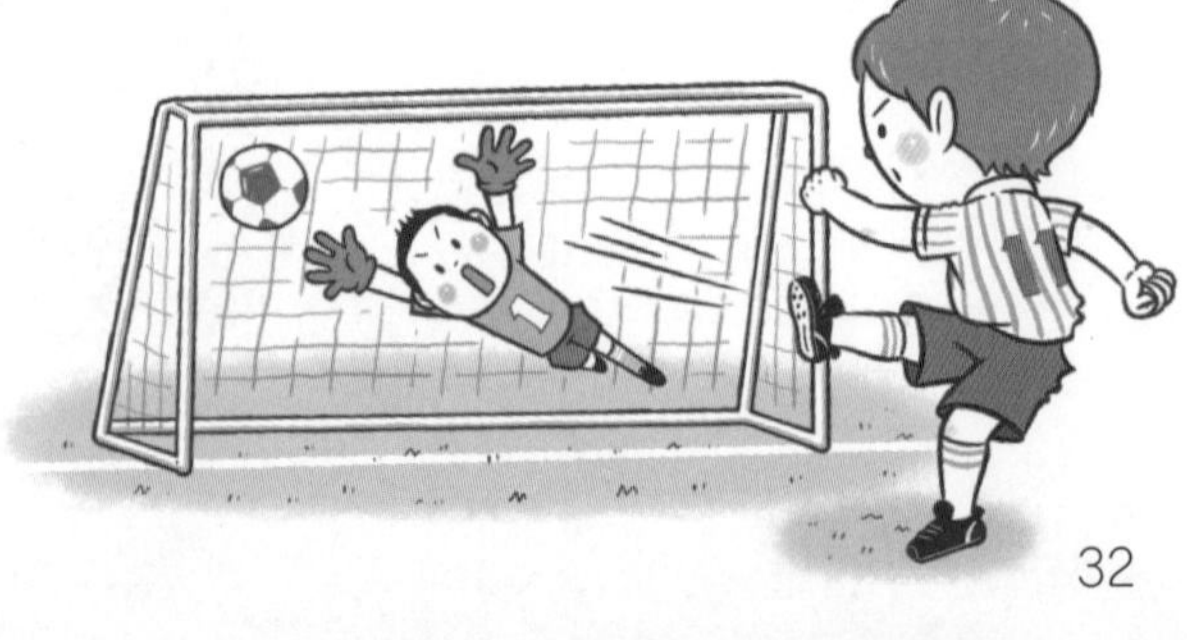

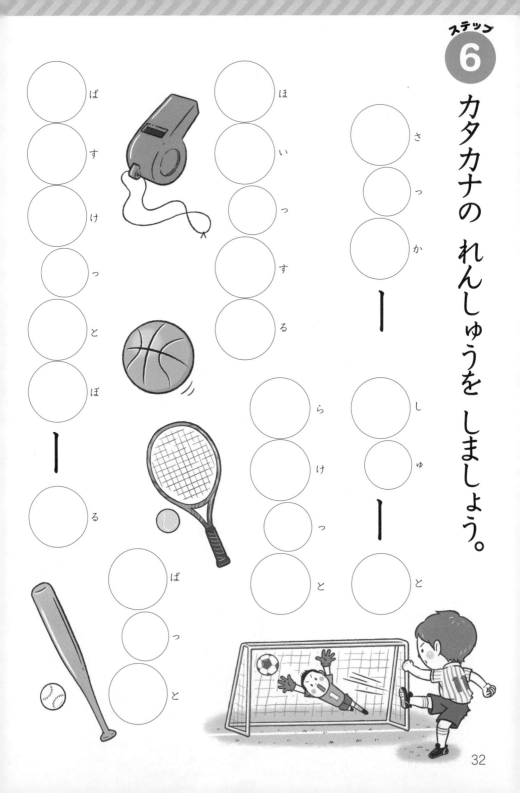

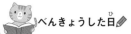

えを みながら、さかさに よんでも おなじ ことばを □に かきましょう。

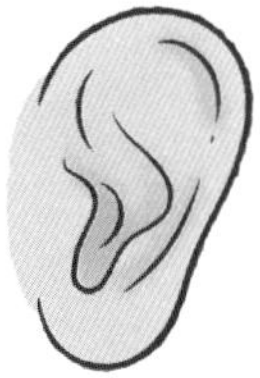

み□

ト□□

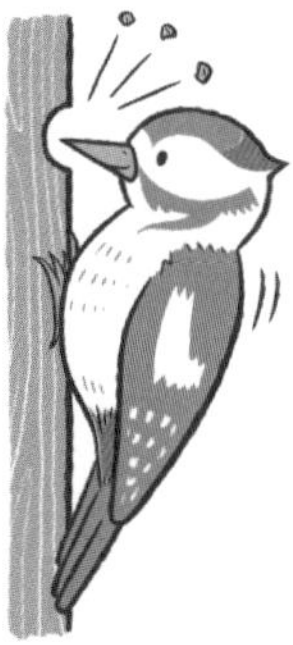

き□□□

し□□□□

○に カタカナを かいて、ぶんを つくりましょう。

○《ば》○《れ》ー○《ぼ》ー○《る》の せんしゅに えらばれました。

キャプテンが ○《ほ》ー○《む》○《ら》○《ん》を うちました。

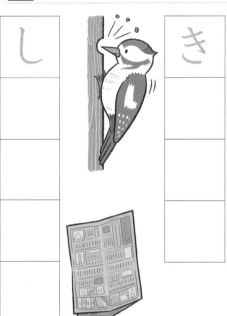

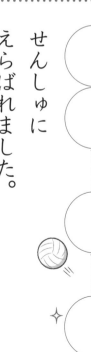

ステップ 7

ごちそういっぱい

ことばみつけ！

つぎの なまえを もつ えが
どこに あるか さがして
みましょう。

サラダ　　　ピザ
コロッケ　　パン
チョコレート　ジャム
アイスクリーム

ステップ 7

カタカナの れんしゅうを しましょう。

じゃむ

ぱん

おれんじ

さらだ

あいすくりーむ

ぴざ

ころっけ

ちょこれーと

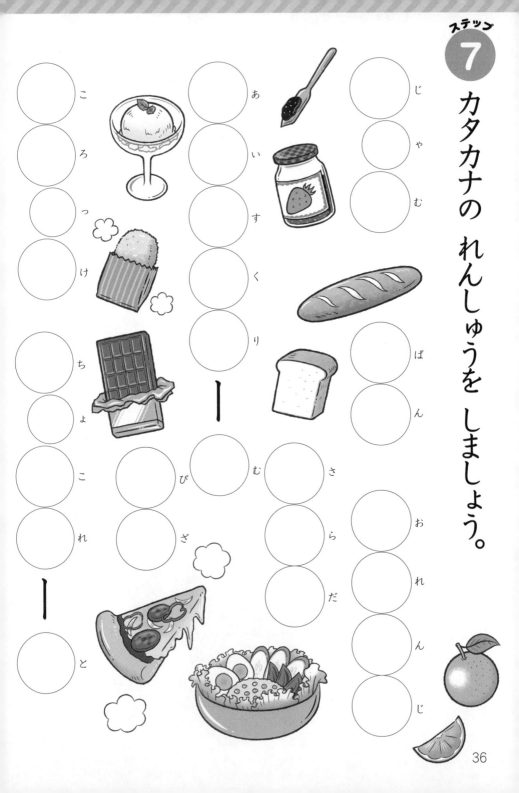

ごちそうクロスワード

もじが つながるように、□に カタカナを いれて、たべものや のみものの なまえを かきましょう。

ヒント

つぎの たべものや のみものが はいります。

オムライス　オレンジ　グラタン　ケーキ　コーヒー
コロッケ　サラダ　サンドイッチ　ジャム　ステーキ
ドーナツ　ナポリタン　パイ　バター　バナナ
ハム　パン　ハンバーグ　ピーナッツ　ピーマン
マーガリン　ラーメン

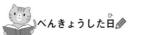

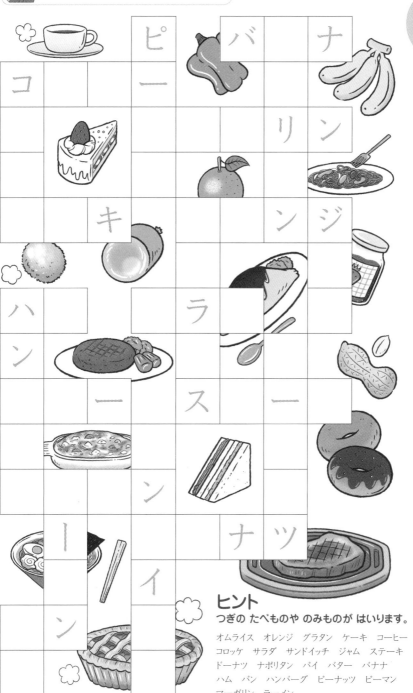

① 漢字《かんじ》は べんり！

★ひらがなだけの 早口《はやくち》ことばに ちょうせん！

○なまむぎなまごめなまたまご

○うらにわにはにわにわにはにわにわとりがいる

○うりうりがうりうりにきてうりうりのこし
うりうりかえるうりうりのこえ

★中《なか》に 漢字《かんじ》が 入《はい》ると……
ぐっと よみやすい！

○生麦《なまむぎ》 生米《なまごめ》 生卵《なまたまご》

○裏庭《うらにわ》には 二羽《にわ》、庭《にわ》には 二羽《にわ》
にわとりが いる

○瓜売《うりう》りが、瓜売《うりう》りに来《き》て、瓜売《うりう》り残《のこ》し、
瓜売《うりう》り帰《かえ》る 瓜売《うりう》りの声《こえ》

漢字編《へん》

この 本《ほん》で 学習《がくしゅう》する 漢字《かんじ》80字《じ》

数字《すうじ》は この 本《ほん》の ページです。

ステップ1

【イ】	【ウ】		【エ】
一	右	雨	円
42	42	43	43

ステップ2

【オ】		【カ】	
王	音	下	火
46	46	47	47

ステップ3

			【キ】
花	貝	学	気
50	50	51	51

ステップ4

九	休	玉	金
54	54	55	55

ステップ5

【ク】	【ケ】		
空	月	犬	見
58	58	59	59

ステップ6

【コ】			【サ】
五	口	校	左
66	66	67	67

ステップ7

		【シ】	
三	山	子	四
70	70	71	71

ステップ8

糸	字	耳	七
74	74	75	75

ステップ9

車	手	十	出
78	78	79	79

ステップ10

女	小	上	森
82	82	83	83

ステップ11

	【セ】	【ス】	
生	正	水	人
91	91	90	90

ステップ12

赤	石	夕	青
95	95	94	94

ステップ13

【ソ】			
早	先	川	千
99	99	98	98

ステップ14

【タ】			
大	村	足	草
103	103	102	102

ステップ15

		【チ】	
虫	中	竹	男
107	107	106	106

ステップ16

【ト】		【テ】	
土	田	天	町
115	115	114	114

ステップ17

【ネ】			【二】
年	入	日	二
119	119	118	118

ステップ18

【フ】	【ヒ】		【ハ】
文	百	八	白
123	123	122	122

ステップ19

【モ】	【メ】		【ホ】
目	名	本	木
127	127	126	126

ステップ20

【ロ】			【リ】
六	林	力	立
131	131	130	130

一

イチ
イツ
ひと
ひと（つ）

1画《かく》

ぶしゅ	ぶしゅめい
一	いち

ことばとつかいかた

一番《いちばん》（▲番）

★一人《ひとり》

二月《にがつ》★一日《ついたち》

水《みず》を 一口《ひとくち》 のむ

右

ウ
ユウ
みぎ

5画

ぶしゅ	ぶしゅめい
口	くち

ことばとつかいかた

右手《みぎて》

左右《さゆう》を 見《み》る

車《くるま》が 右折《うせつ》する（▲折）

雨

ウ
あめ
あま

8画

ぶしゅ		ぶしゅめい	
ぶしゅ	雨	ぶしゅめい	あめ

ことばとつかいかた

雨《あま》がさ

雨《う》天《てん》中《ちゅう》▲止《し》

大《おお》雨《あめ》の ひがい

円

エン
まる（い）

4画

ぶしゅ		ぶしゅめい	
ぶしゅ	冂	ぶしゅめい	どうがまえ けいがまえ まきがまえ

ことばとつかいかた

一《いち》円《えん》玉《だま》

空《そら》とぶ 円《えん》ばん

円《まる》く なって おどる

1 つぎの ―せんの 漢字《かんじ》に よみがなを つけなさい。

① トマトを 一やま（　　）かう。

② 右（　　）から バスが くる。

③ ことしは 雨（　　）が おおい。

④ 雨（　　）がっぱを きる。

⑤ とんびが 円（　　）く とぶ。

2 つぎの □には 漢字《かんじ》を、○には カタカナを かきなさい。

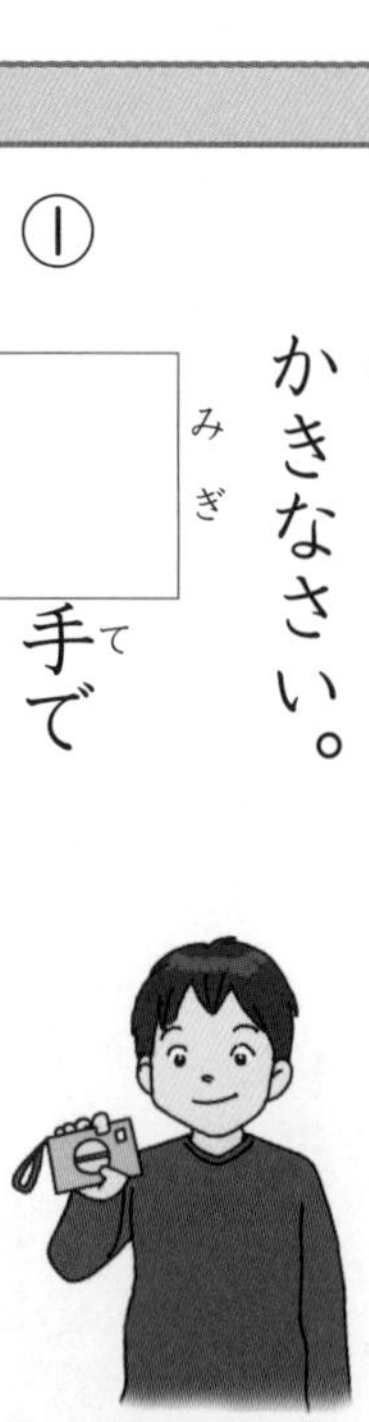

① □《みぎ》手《て》で ○《か》○《め》○《ら》を もつ。

② ○《か》○《も》○《め》が □《いち》れつに ならぶ。

③ ○《ぺ》○《ん》で □《えん》を かく。

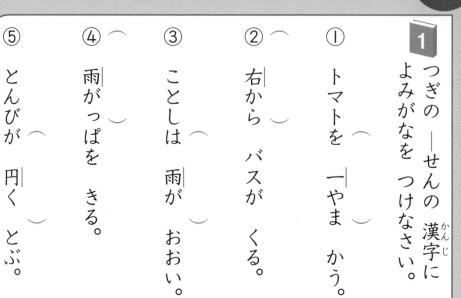

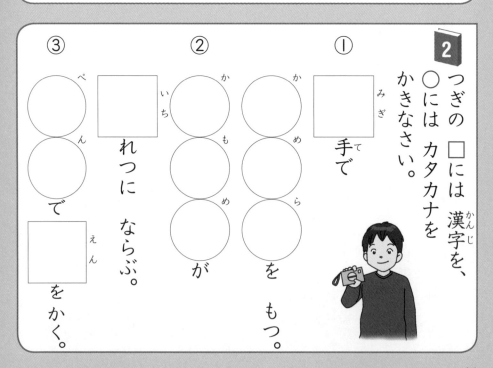

3 つぎの「一」の よみがなで 正《ただ》しい ものを せんで つなぎなさい。

①
- 一つの みかん・　・いち
- 一まいの え・　・ひと

②
- 一休《やす》みする・　・いち
- 一わの とり・　・いっ
- 一さつの 本《ほん》・　・ひと

4 漢字《かんじ》を □に かきなさい。

① □《いっ》ぴきの ねこ。

② □《いち》ばん □《みぎ》の 人《ひと》。

③ □《う》天《てん》で 花火大会《はなびたいかい》は とりやめに なった。

④ おつりは 百《ひゃく》□《えん》だった。

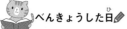

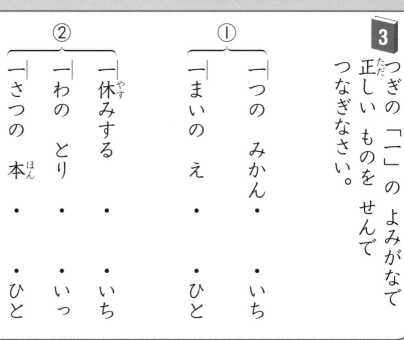

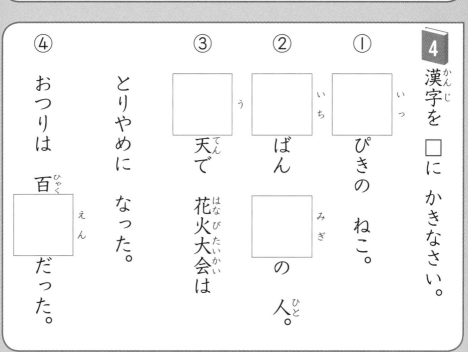

王

4画《かく》

オウ

ぶしゅ		ぶしゅめい	
ぶしゅ	王	ぶしゅめい	おう

ことばとつかいかた

王《おう》▲国《こく》

王《おう》子《じ》さま

ホームラン王《おう》に なる

音

9画

オン

イン㊥

おと

ね

ぶしゅ	音	ぶしゅめい	おと

ことばとつかいかた

足《あし》音《おと》

音《おん》▲楽《がく》　▲福《ふく》◎音《いん》

すばらしい 音《ね》▲色《いろ》

下

カ・ゲ・した・しも
さ(げる)・さ(がる)
くだ(る)・くだ(す)
くだ(さる)
お(ろす)・お(りる)
もと㊥

3画

ぶしゅ		ぶしゅめい	
ぶしゅ	一	ぶしゅめい	いち

ことばとつかいかた

▲地下《ちか》 下校《げこう》 ◎足下《あしもと》

川下《かわしも》に 下《くだ》る

木《き》の ◎下《した》《もと》に こしを 下《お》ろす

火

カ
ひ
ほ㊢

4画

ぶしゅ		ぶしゅめい	
ぶしゅ	火	ぶしゅめい	ひ

ことばとつかいかた

花火《はなび》

▲火事《かじ》

◎火《ほ》▲照《て》る

火《ひ》を けす

1 つぎの ―せんの 漢字《かんじ》に よみがなを つけなさい。

① 百《ひゃく》じゅうの 王、ライオン。

② 雨が ふる 音が する。

③ 音ぷを かく。

④ ろう下の そうじを する。

⑤ マッチで 火を つける。

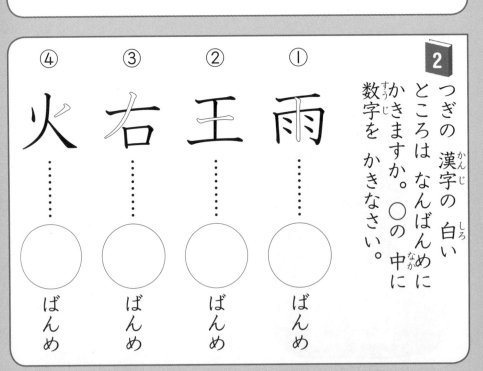

2 つぎの 漢字《かんじ》の 白《しろ》い ところは なんばんめに かきますか。◯の 中《なか》に 数字《すうじ》を かきなさい。

① 雨 ……… ばんめ

② 王 ……… ばんめ

③ 右 ……… ばんめ

④ 火 ……… ばんめ

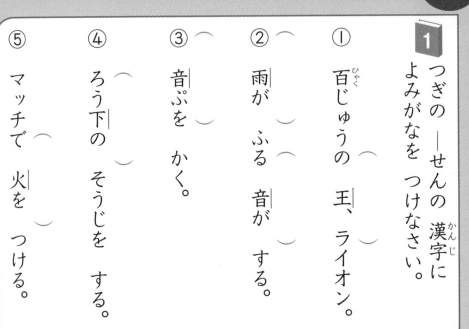

3 つぎの「下」の よみがなで 正《ただ》しい ほうの ばんごうに ○を つけなさい。

① さかを 下る（1 くだ　2 お）

② 山《やま》から 下りる（1 さ　2 お）

③ あたまを 下げる（1 さ　2 くだ）

④ 大《おお》きな 川《かわ》の 川《かわ》下（1 した　2 しも）

4 漢字《かんじ》を □に かきなさい。

① □《おう》さまと けらい。

② □《した》の へやから もの□《おと》が きこえた。

③ □《おん》がくかいは □《か》よう日《び》だ。

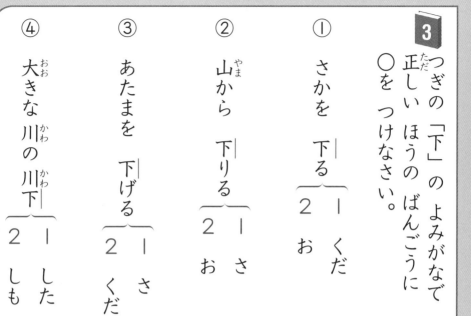

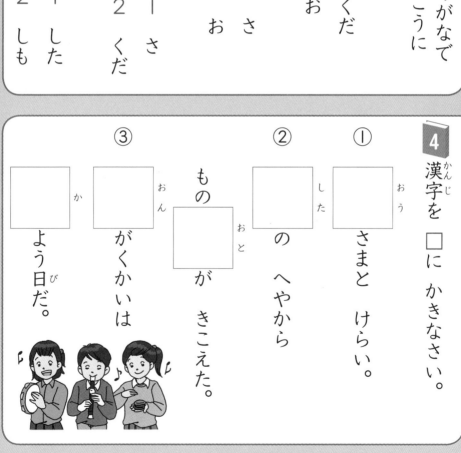

花

カ
はな

7画《かく》

ぶしゅ	艹	ぶしゅめい	くさかんむり

ことばとつかいかた

草《くさ》花《ばな》
花《か》びん
お花《はな》見《み》を たのしむ

貝

かい

7画

ぶしゅ	貝	ぶしゅめい	かい こがい

ことばとつかいかた

貝《かい》がら
さくら貝《がい》
はまべで 貝《かい》を ひろう

気

6画

キ
ケ

ぶしゅ	气	ぶしゅめい	きがまえ

ことばとつかいかた

天《てん》気《き》

気《け》▲配《はい》

早《はや》おきは 気《き》もちが よい

学

8画

ガク
まな（ぶ）

ぶしゅ	子	ぶしゅめい	こ

ことばとつかいかた

学《がっ》校《こう》

入《にゅう》学《がく》

▲漢《かん》字《じ》を 学《まな》ぶ

1

つぎの ―せんの 漢字《かんじ》に よみがなを つけなさい。

① 花だんの 花に 水《みず》を やる。（　　）（　　）

② 貝がらを ひろいに いく。（　　）

③ 小《しょう》学校《こう》は 右に あります。（　　）

④ 村《むら》の れきしを 学ぶ。（　　）

⑤ その 音が 気に なる。（　　）（　　）

2

つぎの 漢字《かんじ》の よみがなで 正《ただ》しい ほうの ばんごうに ○を つけなさい。

① 一生《しょう》
1 いつ
2 いっ

② 左《さ》右
1 ゆう
2 いう

③ 王女《じょ》
1 おお
2 おう

④ 学校《こう》
1 がつ
2 がっ

3 つぎの ―せんの 漢字《かんじ》に よみがなを つけなさい。

① かいだんを 下（　　）りて 地《ち》下（　　）てつの のりばへ いく。

② 花（　　）びんに 花（　　）を さす。

③ 五《ご》円（　　）玉《だま》には 円（　　）い あなが あいて いる。

4 漢字《かんじ》を □に かきなさい。

① □《はな》□《び》が 上《あ》がる。

② □《かい》を やいて たべる。

③ □《がく》生《せい》ふくを きて 入《にゅう》□《がく》しきに 出《で》る。

④ げん□《き》な あいさつ。

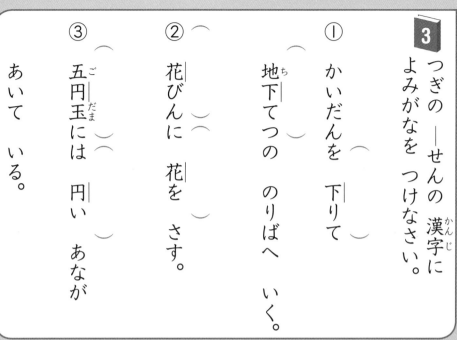

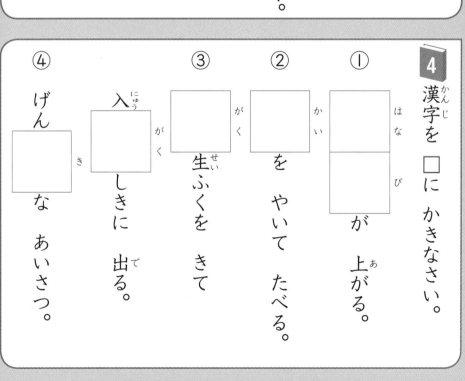

九

キュウ
ク
ここ
ここの（つ）

2画《かく》

ぶしゅ	ぶしゅめい
乙	おつ

ことばとつかいかた

九《く》月《がつ》九《ここの》日《か》

ももが 九《ここの》つ

九人《きゅうにん》《くにん》で やる スポーツ

休

キュウ
やす（む）
やす（まる）
やす（める）

6画

ぶしゅ	ぶしゅめい
イ	にんべん

ことばとつかいかた

▲夏《なつ》休《やす》み

学《がっ》校《こう》を 休《やす》む

休《きゅう》日《じつ》は からだを 休《やす》めよう

玉

5画

ギョク
たま

ぶしゅ		ぶしゅめい	
ぶしゅ	玉	ぶしゅめい	たま

ことばとつかいかた

玉《たま》のり
お年《とし》玉《だま》
シャボン玉《だま》を とばす

金

8画

キン
コン
かね
かな

ぶしゅ		ぶしゅめい	
ぶしゅ	金	ぶしゅめい	かね

ことばとつかいかた

金《かな》づち
金《きん》メダル
ちょ金《きん》ばこに お金《かね》を ためる

1 つぎの —せんの 漢字《かんじ》に よみがなを つけなさい。

① 貝がらを 九こ ひろう。（　）（　）

② 今月《こんげつ》の 九日《か》は 休日《じつ》だ。（　）（　）

③ けん玉を して あそぶ。（　）

④ 金ぎょが たくさん いた。（　）

⑤ お金を はらう。（　）

2 ばらばらに なって いる 漢字《かんじ》を むすんで もとに もどし、□に かきなさい。

艹・　　　・イ

木・　　　・化

⺍・　　　・子

□

□

□

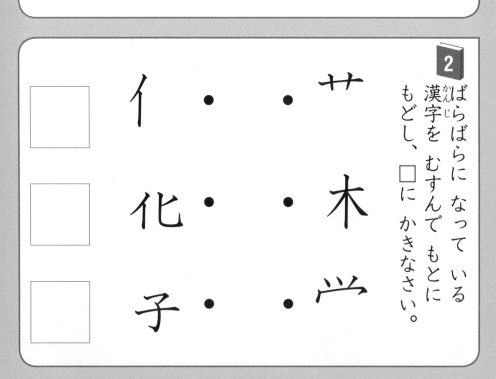

3

つぎの □には 漢字《かんじ》を、○には カタカナを かきなさい。

① □《く》じに なる ○《ち》○《ゃ》○《い》○《む》。

② ○《き》○《ん》○《ぐ》とは □《おう》さまの ことだ。

③ ○《び》ー□《だま》で あそぶ。

4

漢字《かんじ》を □に かきなさい。

① □《きゅう》ひきの めだか。

② こんどの □《きん》よう日《び》は 学校《がっこう》が □《やす》みだ。

③ □《いち》円 □《だま》を □《ここの》つ ならべる。

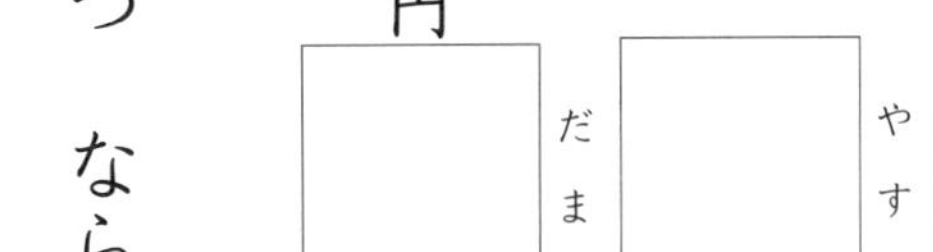

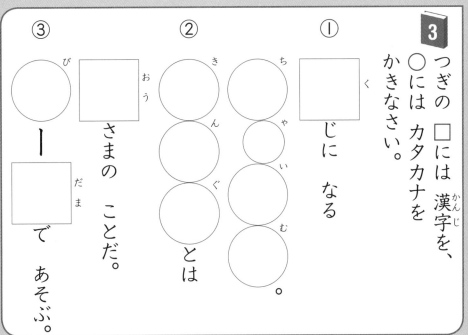

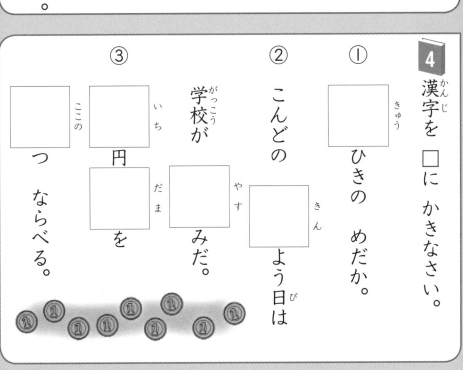

空

クウ
そら
あ（く）
あ（ける）
から

8画《かく》

ぶしゅ		ぶしゅめい	
ぶしゅ	穴	ぶしゅめい	あなかんむり

ことばとつかいかた

青《あお》空《ぞら》

空《あ》きかん

空《から》っぽ

おいしい 空《くう》気《き》

月

ゲツ
ガツ
つき

4画

ぶしゅ	月	ぶしゅめい	つき

ことばとつかいかた

月《げつ》よう日《び》

正《しょう》月《がつ》

お月《つき》見《み》を する

犬

4画

ケン
いぬ

ぶしゅ		ぶしゅめい	
	犬		いぬ

ことばとつかいかた

犬《いぬ》小《ご》▲屋《や》

▲番《ばん》犬《けん》

犬《いぬ》の 赤《あか》ちゃん

見

7画

ケン
み（る）
み（える）
み（せる）

ぶしゅ		ぶしゅめい	
	見		みる

ことばとつかいかた

お見《み》まい

見《けん》学《がく》

赤《あか》い やねが 見《み》える

1 つぎの —せんの 漢字《かんじ》に よみがなを つけなさい。

① 雨（　）が やんで 空（　）が はれた。

② つぎの 月（　）よう日《び》は 休（　）みだ。

③ 大《おお》きな お月（　）さまを 見（　）る。

④ 犬（　）と いっしょに さんぽした。

⑤ 十《じゅう》月（　）の きれいな 空（　）。

2 つぎの —せんの 漢字《かんじ》に よみがなを つけなさい。

① 青《あお》い 空（　）の 下（　）で 空気（　）を すう。

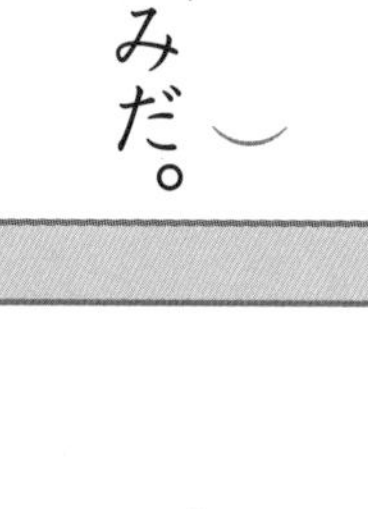

② ちょ金（　）ばこに お金（　）を 入《い》れる。

③ ねえさんは 九月（　）で 九（　）つに なる。

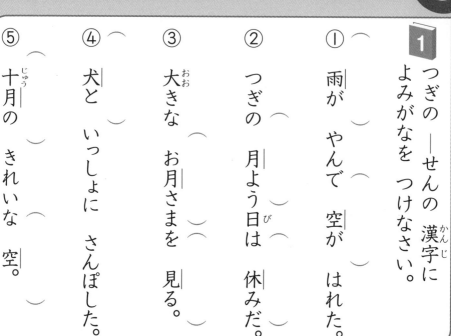

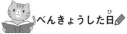

3 つぎの 漢字《かんじ》の 白《しろ》い ところは おわりに かきます。なんばんめに かくか、◯の 中《なか》に 数字《すうじ》を かきなさい。

① 金 …… ◯ ばんめ

② 学 …… ◯ ばんめ

③ 王 …… ◯ ばんめ

④ 見 …… ◯ ばんめ

4 漢字《かんじ》を □に かきなさい。

① □《あ》きびんを かたづける。

② □《つき》の はじめに 生《う》まれた 子《こ》□《いぬ》。

③ もうどう□《けん》の くんれんを □《けん》学する。

1 つぎの ―せんの 漢字《かんじ》に よみがなを つけなさい。

〈一つ2てん（40）〉

① 一ばん 右に すわる。

② 花火の つくりかたを 学ぶ。

③ つぎの 火よう日《び》は 休校《こう》だ。

④ 音がくしつに つづく ろう下。

⑤ 空きかんに ビー玉を 入《い》れる。

⑥ 貝がらを 一つ ひろう。

⑦ 王さまが 下を 見下ろす。

⑧ 円い 月が あらわれる。

⑨ げん気な 子《こ》犬が 九ひき 生《う》まれるのを 見る。

100

80

50

とくてん

てん

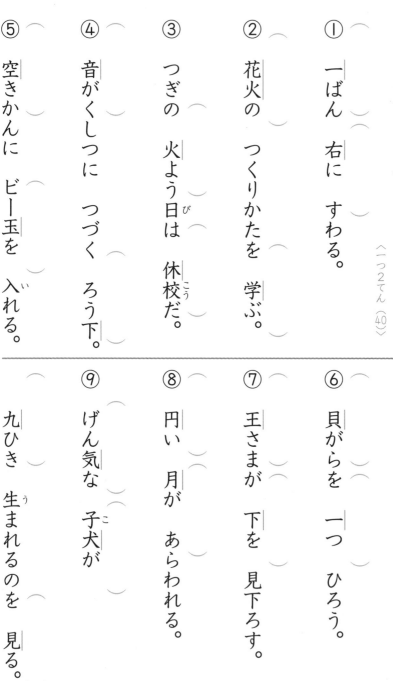

2

つぎの 漢字《かんじ》の 白《しろ》い ところは おわりに かきます。なんばんめに かくか、○の 中《なか》に 数字《すうじ》を かきなさい。〈一つ5てん（25）〉

① 貝……○ばんめ

② 花……○ばんめ

③ 円……○ばんめ

④ 犬……○ばんめ

⑤ 下……○ばんめ

3

漢字《かんじ》を □に かきなさい。〈一つ5てん（35）〉

① かぜで 学校《がっこう》を □《やす》む。

② □《そら》から □《あめ》が ふる。

③ □《ここの》つの □《きん》メダル。

④ 左《さ》□《ゆう》の スピーカーから □《おと》が きこえて くる。

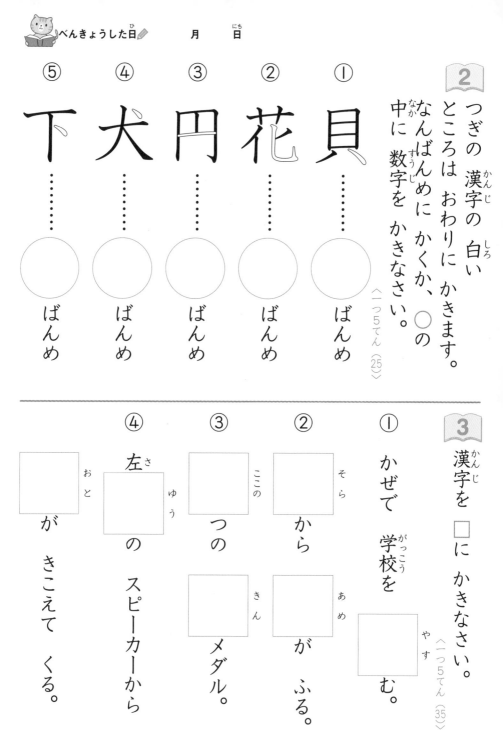

① かくれた 漢字《かんじ》を さがせ!

うみや はまべの なかに 漢字《かんじ》が 10こ かくれて います。 みつけて みましょう。

こたえは 137ページに あります。

五

4画《かく》

ゴ
いつ
いつ（つ）

ぶしゅ	ぶしゅめい
二	に

ことばとつかいかた

あめ玉《だま》が 五《いつ》つ
五《ご》本《ほん》の ゆび
五《ご》月《がつ》五《いつ》日《か》は こどもの日《ひ》

口

3画

コウ
ク
くち

ぶしゅ	ぶしゅめい
口	くち

ことばとつかいかた

出《で》口《ぐち》
口《くち》ぶえを ふく
せかいの 人《じん》口《こう》

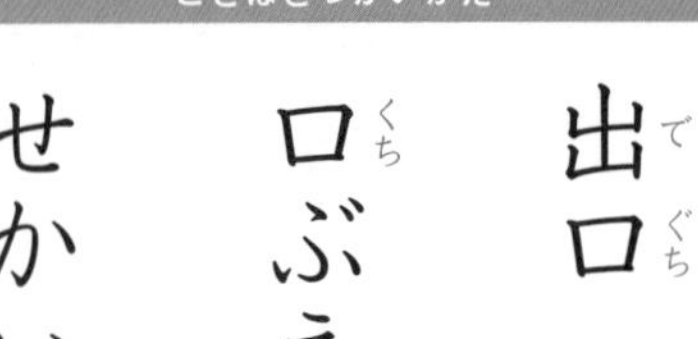

校

10画

コウ

ぶしゅ	ぶしゅめい
木	きへん

ことばとつかいかた

校《こう》▲庭《てい》

小《しょう》学《がっ》校《こう》

休《きゅう》校《こう》に なる

左

5画

サ
ひだり

ぶしゅ	ぶしゅめい
工	え たくみ

ことばとつかいかた

左《ひだり》足《あし》

左《さ》▲折《せつ》する

車《くるま》は 左《ひだり》がわを とおる

1 つぎの ―せんの 漢字《かんじ》に よみがなを つけなさい。

① 五ひきの げん気な 犬。

② 火《か》口が 赤《あか》く 見える。

③ 大《おお》きな 口を あける。

④ 町《まち》に 五つの 学校が ある。

⑤ 車《くるま》は 左がわ通行《つうこう》だ。

2 漢字《かんじ》を □に かきなさい。

① あがる…… □《さ》がる

② はな…… □《くち》

③ ねこ…… □《いぬ》

④ ほし…… □《つき》

⑤ きく…… □《み》る

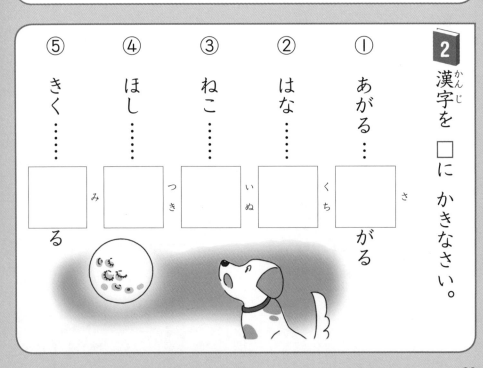

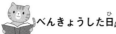

3 つぎの 漢字《かんじ》の よみがなで 正《ただ》しい ほうの ばんごうに ○を つけなさい。

① 五 { 1 いつ　2 ご } この 玉。

② 空 { 1 から　2 そら } っぽだ。

③ たき火 { 1 か　2 び } に あたる。

④ 雨 { 1 あめ　2 う } 天《てん》でも やる。

4 漢字《かんじ》を □に かきなさい。

① □《ご》さいの いもうとと シャボン□《だま》を つくる。

② □《こう》しゃの 入《い》り□《ぐち》は □《ひだり》に あります。

③ □《さ》右を よく □《み》る。

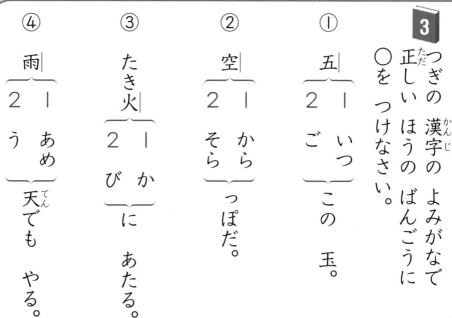

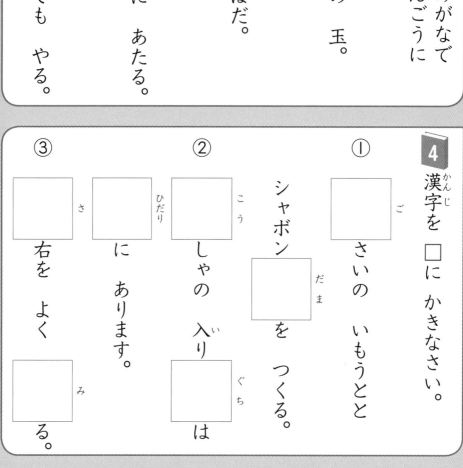

三

3画《かく》

サン
み
み（つ）
みっ（つ）

いち	ぶしゅめい	一	ぶしゅ

ことばとつかいかた

三《み》日《か》月《づき》

三《さん》▲輪《りん》車《しゃ》

三《さん》月《がつ》三《みっ》日《か》は ひなまつり

山

3画

サン
やま

やま	ぶしゅめい	山	ぶしゅ

ことばとつかいかた

山《さん》林《りん》

火《か》山《ざん》

山《やま》のぼりに 出《で》かける

子

3画

シ ス こ

ぶしゅ		ぶしゅめい	
ぶしゅ	子	ぶしゅめい	こ

ことばとつかいかた

▲親《おや》子《こ》

男子《だんし》と 女子《じょし》

子《こ》どもたちが あそぶ

四

5画

シ よ よ（つ） よっ（つ） よん

ぶしゅ		ぶしゅめい	
ぶしゅ	口	ぶしゅめい	くにがまえ

ことばとつかいかた

ごご四《よ》▲時《じ》

四《よん》足《そく》の くつ

四《し》▲角《かく》い まど

休《やす》みが 四日《よっか》 つづく

1 つぎの ―せんの 漢字《かんじ》に よみがなを つけなさい。

① 三日《か》月《づき》が 空に うかぶ。

② おとうとの 三りん車《しゃ》。

③ なつ休みに 山のぼりに いく。

④ 女《じょ》子が 五人《にん》 きた。

⑤ 四じかんめは 音がくだ。

2 つぎの ―せんの 漢字《かんじ》に よみがなを つけなさい。

① 山ぞくが 山を 下りる。

② 王子さまが 子ねこを かう。

③ 四月に ともだちが 四人《にん》 できた。

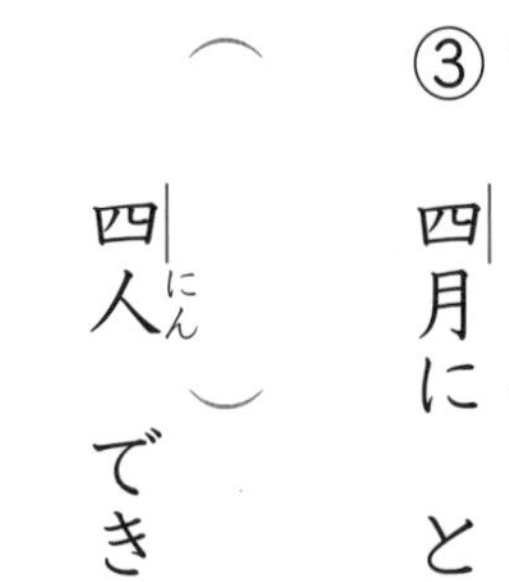

④ 大《おお》きい 犬を 番《ばん》犬と する。

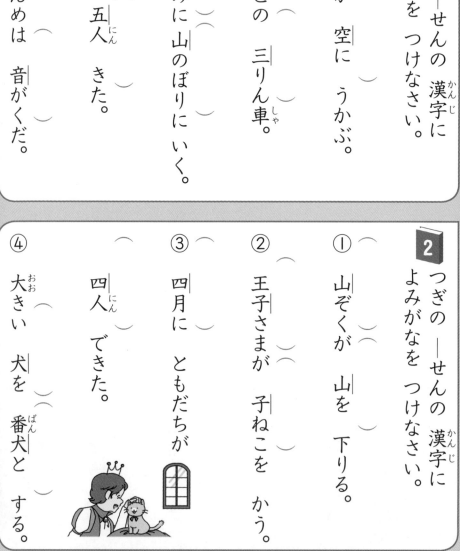

3 つぎの 漢字《かんじ》の 白《しろ》い ところは なんばんめに かきますか。○の 中《なか》に 数字《すうじ》を かきなさい。

① 左 …… ○ ばんめ

② 四 …… ○ ばんめ

③ 気 …… ○ ばんめ

④ 貝 …… ○ ばんめ

4 漢字《かんじ》を □に かきなさい。

① □《みっ》つ目《め》の かどを まがる。

② ふじ□《さん》は 日本一《にっぽんいち》の たかい □《やま》。

③ □《よっ》つの 男《おとこ》の □《こ》と □《よ》じまで あそんだ。

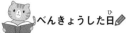

糸

6画《かく》

シ
いと

ぶしゅ	ぶしゅめい
糸	いと

ことばとつかいかた

糸《いと》でんわ

▲毛《け》糸《いと》

つり糸《いと》が からまる

字

6画

ジ
あざ㊥

ぶしゅ	ぶしゅめい
子	こ

ことばとつかいかた

▲漢《かん》字《じ》

▲数《すう》字《じ》

字《じ》を 正《ただ》しく かく

耳

6画

ジ㊥
みみ

ぶしゅ		ぶしゅめい	
ぶしゅ	耳	ぶしゅめい	みみ

ことばとつかいかた

耳《みみ》かざり

◎耳《じ》▲◎鼻《び》▲科《か》

耳《みみ》を すます

七

2画

シチ
なな
なな（つ）
なの

ぶしゅ		ぶしゅめい	
ぶしゅ	一	ぶしゅめい	いち

ことばとつかいかた

七《なな》▲色《いろ》の にじ

ほしが 七《なな》つ

七《しち》月《がつ》七《なの》日《か》は

★七夕《たなばた》

1 つぎの ―せんの 漢字《かんじ》に よみがなを つけなさい。

① け糸の 玉が ころがる。

② ていねいに かん字を かく。

③ 貝がらに 耳を あてる。

④ かわいい 七つの 子が いる。

⑤ 七五三の おいわいを する。

2 ばらばらに なって いる 漢字《かんじ》を むすんで もとに もどし、□に かきなさい。

气・　・木

交・　・メ

穴・　・宀

子・　・工

□ □ □ □

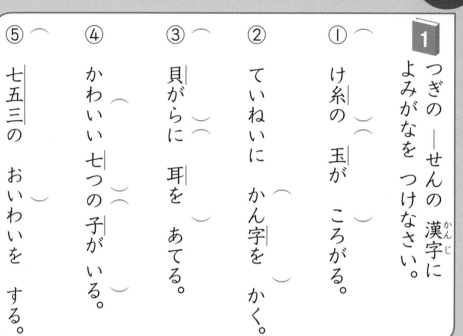

3 つぎの 漢字《かんじ》の 中《なか》には、「火」のように、四回《よんかい》で かく 漢字《かんじ》が 三つ あります。その 漢字《かんじ》を □に かきなさい。

火

口　円　四

五　九　月

□　□　□

4 漢字《かんじ》を □に かきなさい。

① □《いと》でんわを つくる。

② 大《おお》きな □《じ》の 本《ほん》。

③ □《あめ》の 音に □《みみ》を すます。

④ □《しち》じに おきる。

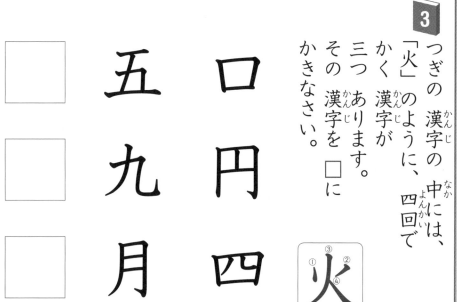

ステップ 9

車

7画《かく》

シャ
くるま

ぶしゅ	ぶしゅめい
車	くるま

ことばとつかいかた

車《しゃ》▲庫《こ》

水《すい》車《しゃ》

車《くるま》に のる

手

4画

シュ
て
た㊥

ぶしゅ	ぶしゅめい
手	て

ことばとつかいかた

手《て》がみ

▲運《うん》▲転《てん》手《しゅ》

◎手《た》▲綱《づな》

★上手《じょうず》

▲泳《およ》ぎが ★下手《へた》だ

十

2画

ジュウ
ジッ
とお
と

ぶしゅ		ぶしゅめい	
ぶしゅ	十	ぶしゅめい	じゅう

ことばとつかいかた

赤《せき》十《じゅう》字《じ》

十《じゅう》円《えん》玉《だま》が　十《じっ》《じゅっ》こ

十《じゅう》月《がつ》十《とお》日《か》は　うんどうかいだ

出

5画

シュツ
スイ㊥
で(る)
だ(す)

ぶしゅ	凵	ぶしゅめい	うけばこ

ことばとつかいかた

おもい出《で》

▲出《しゅっ》発《ぱつ》

スピードを　出《だ》す

1

つぎの ―せんの 漢字《かんじ》に よみがなを つけなさい。

① おもちゃの 車（　）で あそぶ。

② じてん車（　）に 気（　）を つけよう。

③ しごとの 手（　）を 休（　）める。

④ 十日《か》（　）に 出（　）ぱつする。

⑤ しゅくだいを 早《はや》めに 出（　）そう。

2

つぎの□に あてはまる 漢字《かんじ》を下の □から えらんで かきなさい。

① □《やま》と うみ

② はれと □《あめ》

③ □《て》と 足《あし》

④ 目《め》と □《みみ》

⑤ □《みぎ》と 左

雨	右	山	手	耳

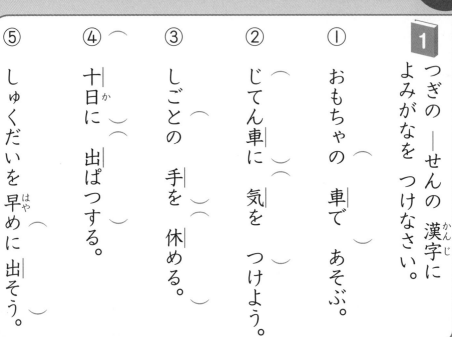

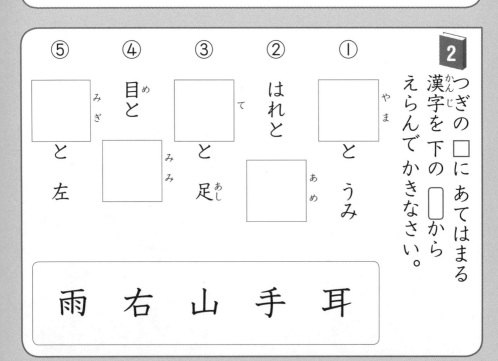

3 漢字《かんじ》を□に かきなさい。

① 日よう日に □《くるま》で □《で》かける。

② バスの うんてん□《しゅ》が □《て》ぶくろを つける。

③ パンを □《じっ》こ かう。

4 漢字《かんじ》を□に かきなさい。

① でん□《しゃ》に のる。

② □《じゅう》□《えん》玉を □《て》じなで つかう。

③ □《で》□《ぐち》は つうろの □《ひだり》がわだ。

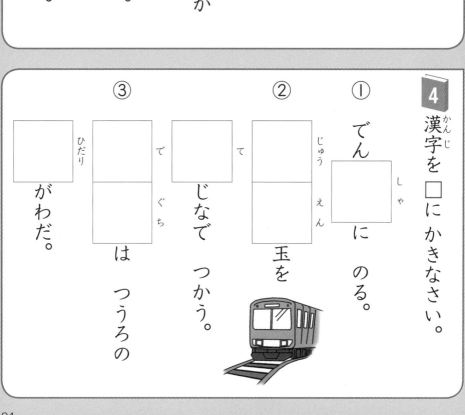

女

3画《かく》

ジョ
ニョ(中)
ニョウ(高)
おんな
め(中)

ぶしゅ	女	ぶしゅめい	おんな

ことばとつかいかた

女子《じょし》
王女《おうじょ》

◎女神《めがみ》▲

女《おんな》の 人《ひと》が 犬《いぬ》を だく

小

3画

ショウ
ちい(さい)
こ
お

ぶしゅ	小	ぶしゅめい	しょう

ことばとつかいかた

小石《こいし》
小川《おがわ》

小学生《しょうがくせい》

小《ちい》さい 字《じ》を よむ

上

ジョウ
ショウ㊫
うえ・うわ・かみ
あ(げる)
あ(がる)
のぼ(る)
のぼ(せる)㊥
のぼ(す)㊥

3画

ぶしゅ	一	ぶしゅめい	いち

ことばとつかいかた

川《かわ》上《かみ》　上《うえ》を　見《み》る

▲屋《おく》上《じょう》に　上《あ》がる

上《のぼ》りの　▲電《でん》車《しゃ》

森

シン
もり

12画

ぶしゅ	木	ぶしゅめい	き

ことばとつかいかた

森《もり》を　さんぽする

森《しん》林《りん》

1 つぎの ―せんの 漢字《かんじ》に よみがなを つけなさい。

① 女の 人《ひと》が 出て きた。

② 三びきの 小さな 犬。

③ 山の 上に 月が 出る。

④ 花びんを もち上げる。

⑤ 森林《りん》で どんぐりを ひろう。

2 つぎの ことばの よみがなに なるように □に ひらがなを 一字 かきなさい。

① 女子……じょ□

② 三つ……□っつ

③ 見学……けん□く

④ 花もよう……□なもよう

⑤ 一月……い□が□

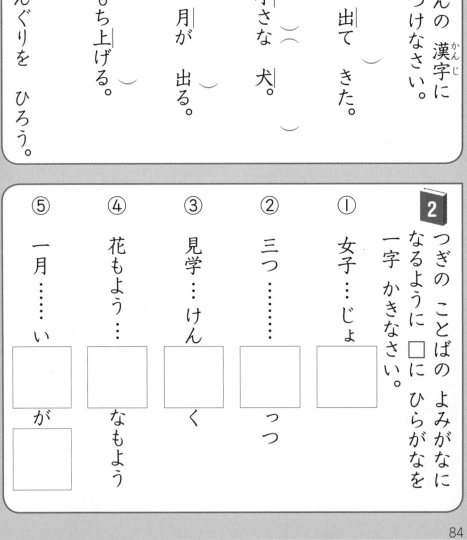

3

つぎの 漢字《かんじ》の よみがなで 正《ただ》しい ほうの ばんごうに ○を つけなさい。

① 上下《げ》
1 じょう
2 じょお

② 休日《じつ》
1 きゅう
2 きゆう

③ 七人《にん》
1 しち
2 ひち

④ 大《だい》小
1 しよう
2 しょう

4

漢字《かんじ》を □に かきなさい。

① □《じょ》□《おう》さまが まどから □《て》を ふる。

② □《もり》から □《こ》鳥《とり》の さえずりが きこえる。

③ 屋《おく》□《じょう》に □《あ》がる。

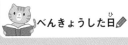

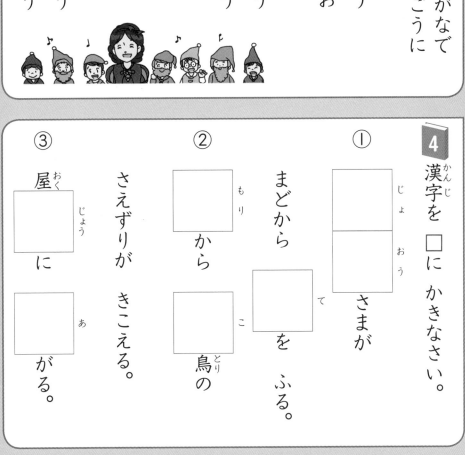

1

つぎの ―せんの 漢字《かんじ》に よみがなを つけなさい。〈一つ2てん(20)〉

①（　）左がわに （　）車庫《こ》が ある。

②（　）糸でんわを （　）耳に あてる。

③（　）三日月《かづき》が かおを （　）出す。

④（　）子どもが （　）口ぶえを ふく。

⑤（　）手に （　）十円玉を にぎる。

2

つぎの ことばの よみがなに なるように □に ひらがなを 一字 かきなさい。〈一つ5てん(25)〉

① ふじ山……ふじ□ん

② 五月……□がつ

③ 左右……□ゆう

④ 四つ……□っつ

⑤ 大雨……お□あめ

100

80

50

とくてん
てん

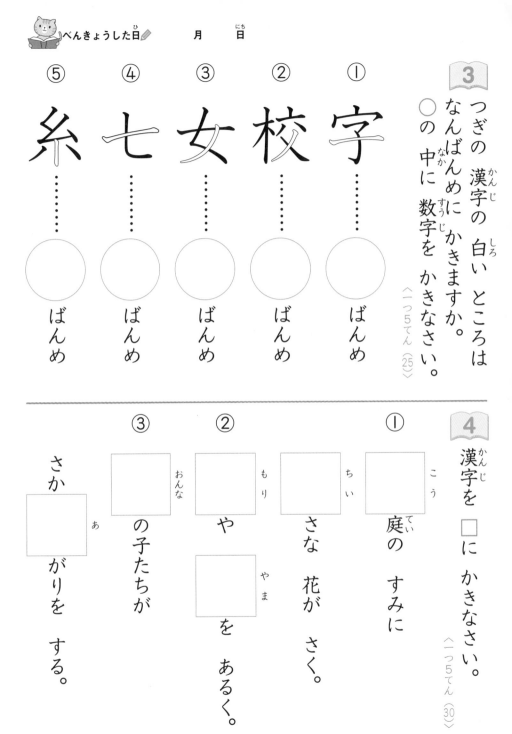

3

つぎの 漢字《かんじ》の 白《しろ》い ところは なんばんめに かきますか。○の 中《なか》に 数字《すうじ》を かきなさい。〈一つ5てん（25）〉

① 字 …… ○ ばんめ

② 校 …… ○ ばんめ

③ 女 …… ○ ばんめ

④ 七 …… ○ ばんめ

⑤ 糸 …… ○ ばんめ

4

漢字《かんじ》を □に かきなさい。〈一つ5てん（30）〉

① □《こう》庭《てい》の すみに □《ちい》さな 花が さく。

② □《もり》や □《やま》を あるく。

③ □《おんな》の 子たちが さか□《あ》がりを する。

② かくすうの おおい ほうに すすめ!

わかれみちの 二《ふた》つの 漢字《かんじ》の うち、かくすうの おおい ほうに すすみましょう。うまく ゴールまで いけるかな?

こたえは 137ページに あります。

人

2画《かく》

ジン
ニン
ひと

ぶしゅ		ぶしゅめい	
	人		ひと

ことばとつかいかた

つりの 名人《めいじん》

▲人形《にんぎょう》 ★大人《おとな》

男《おとこ》の 人《ひと》が 三人《さんにん》

水

4画

スイ
みず

ぶしゅ		ぶしゅめい	
	水		みず

ことばとつかいかた

水玉《みずたま》もよう

水中《すいちゅう》めがね

▲水道《すいどう》の 水《みず》を ためる

正

セイ
ショウ
ただ（しい）
ただ（す）
まさ

5画

ぶしゅ		ぶしゅめい	
	止		とめる

ことばとつかいかた

正《せい》▲方《ほう》▲形《けい》　正《ただ》しい　こたえ

しせいを　正《ただ》す

正《しょう》▲直《じき》に　いう

生

セイ・ショウ
い（きる）・い（かす）
い（ける）
う（まれる）・う（む）
は（える）・は（やす）
なま
お（う）㊥
き㊥

5画

ぶしゅ		ぶしゅめい	
	生		うまれる

ことばとつかいかた

生《なま》たまご　たん生《じょう》日《び》

子《こ》が　生《う》まれる

ひげを　生《は》やした　先《せん》生《せい》

1 つぎの ―せんの 漢字《かんじ》に よみがなを つけなさい。

① うちの 車（　　）は 五人（　　）のりだ。

② 山（　　）の おいしい 水（　　）。

③ 正（　　）しい おこないを する 人（　　）。

④ 一生（　　） わすれない おもい出（　　）。

⑤ にわに 草《くさ》が 生（　　）えて きた。

2 つぎの ことばの よみがなに なるように □に ひらがなを 一字 かきなさい。

① 水車……□い□ゃ

② くつ下……くつ□た

③ 金いろ……き□いろ

④ まん月……まんげ□

⑤ 九こ……□ゅうこ

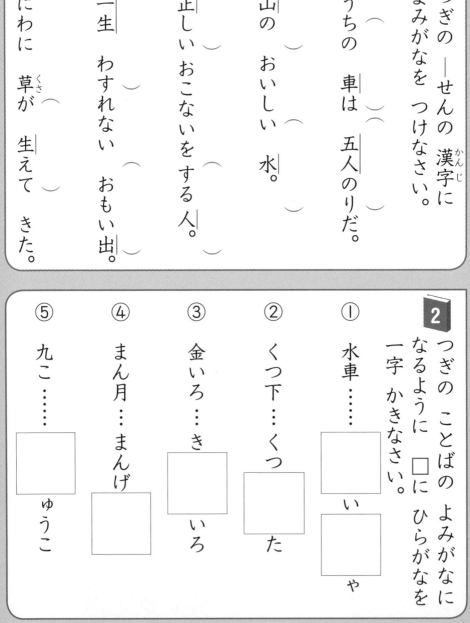

3 漢字《かんじ》を□に かきなさい。

① ちちは□《て》じなの名《めい》□《じん》だ。

② □《もり》で□《い》きる どうぶつを しらべる。

③ ちえを□《まな》ぶ。

4 漢字《かんじ》を□に かきなさい。

① 三□《にん》で あそぶ。

② □《すい》よう日《び》は□《あめ》だった。

③ お□《しょう》月の したく。

④ きそく□《ただ》しい□《せい》活《かつ》。

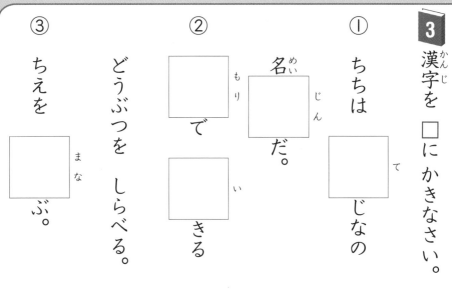

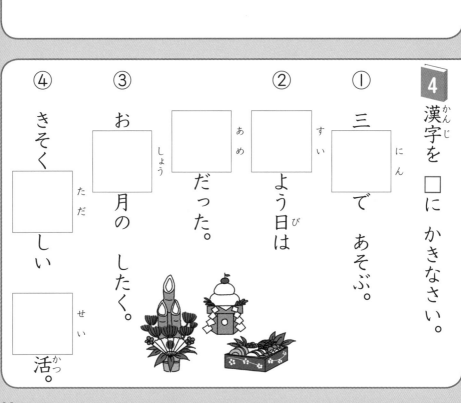

青

セイ
ショウ㊫
あお
あお（い）

8画《かく》

ぶしゅ		ぶしゅめい	
	青		あお

ことばとつかいかた

青《あお》虫《むし》

青《せい》年《ねん》

青《あお》い うみを ながめる

夕

セキ㊥
ゆう

3画

ぶしゅ		ぶしゅめい	
	夕		た ゆうべ

ことばとつかいかた

夕《ゆう》日《ひ》

夕《ゆう》やけ

★七夕《たなばた》

夕《ゆう》立《だち》に あう

石

セキ
シャク
コク㊥
いし

5画

ぶしゅ	石	ぶしゅめい	いし

ことばとつかいかた

石《せき》▲油《ゆ》ストーブ

じ石《しゃく》

円《まる》い 石《いし》を ひろう

赤

セキ
シャク㊢
あか
あか(い)
あか(らむ)
あか(らめる)

7画

ぶしゅ	赤	ぶしゅめい	あか

ことばとつかいかた

赤《あか》ちゃん

赤《せき》▲飯《はん》

空《そら》が 赤《あか》く そまる

1 つぎの —せんの 漢字《かんじ》に よみがなを つけなさい。

① 青年《ねん》が 四人 いる。（　）（　）

② 夕がたから 出かける。（　）（　）

③ 石の 上にも 三年《ねん》。（　）（　）（　）

④ 赤とんぼが 空を とぶ。（　）（　）

⑤ 赤十字の 車が とおる。（　）

2 つぎの 漢字《かんじ》の かきはじめは どこですか。○の 中《なか》に その ばんごうを かきなさい。

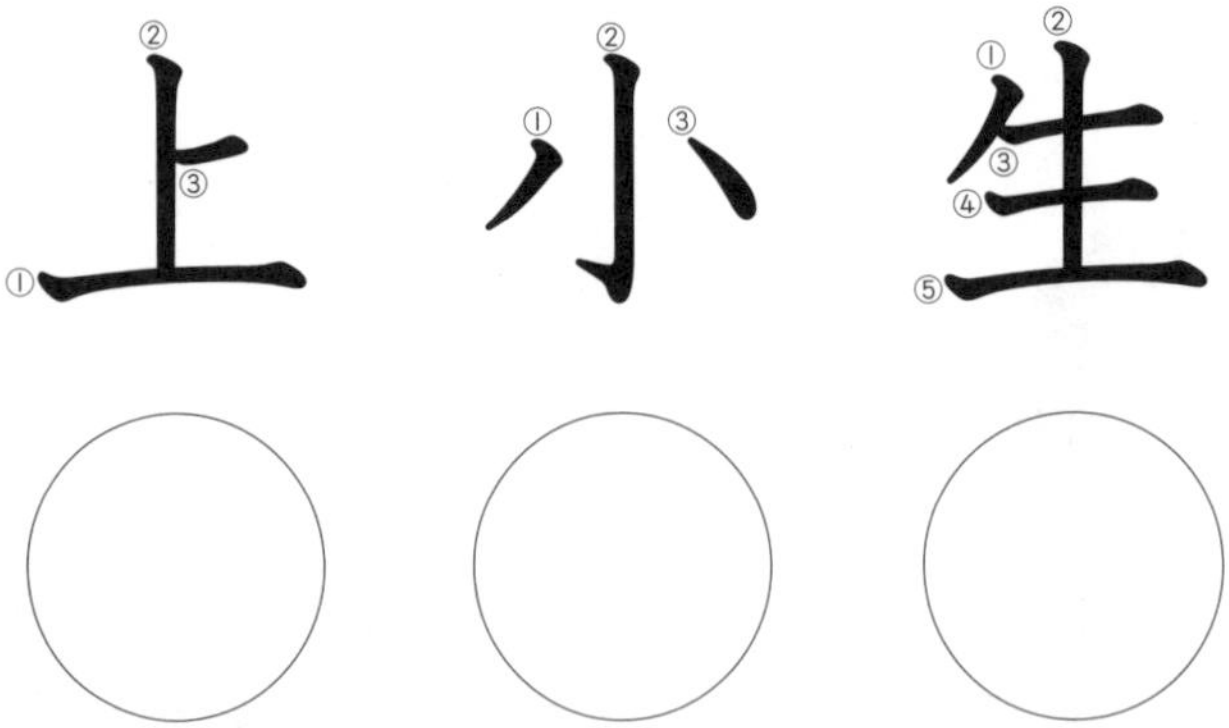

3 ばらばらに なって いる 漢字《かんじ》を むすんで もとに もどし、□に かきなさい。

凵	林	止
木	一	屮

□　□　□

4 漢字《かんじ》を □に かきなさい。

① □《あお》空を □《み》上げる。

② □《ゆう》立《だち》で どうろが □《みず》びたしに なる。

③ □《せき》たんを もやす。

④ □《あか》い □《はな》を かう。

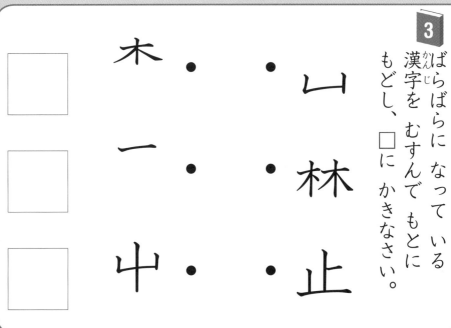

千

3画《かく》

セン
ち

ぶしゅ		ぶしゅめい	
ぶしゅ	十	ぶしゅめい	じゅう

ことばとつかいかた

千《せん》円《えん》さつ

千《せん》本《ぼん》ざくら

▲千《ち》代《よ》がみで つるを おる

川

3画

セン㊥
かわ

ぶしゅ		ぶしゅめい	
ぶしゅ	川	ぶしゅめい	かわ

ことばとつかいかた

川《かわ》下《くだ》り

天《あま》の川《がわ》 ▲河《か》川《せん》◎

川《かわ》むこうの 村《むら》に すむ

先

セン
さき

6画

ぶしゅ		ぶしゅめい	
	儿		ひとあし にんにょう

ことばとつかいかた

つま先《さき》

先月《せんげつ》

先《さき》を あらそう

早

ソウ
サッ㊥
はや(い)
はや(まる)
はや(める)

6画

ぶしゅ		ぶしゅめい	
	日		ひ

ことばとつかいかた

早足《はやあし》

▲早朝《そうちょう》れんしゅう

早《はや》めに 学校《がっこう》へ いく

1 つぎの —せんの 漢字《かんじ》に よみがなを つけなさい。

① 千人（　　）もの 人（　　）が あつまった。

② 川（　　）の つめたい 水（　　）。

③ 先（　　）とうを ゆく 赤（　　）い 車。

④ 休日《じつ》（　　）も 早（　　）おきを する。

⑤ かぜで 早退《たい》（　　）する。

2 つぎの □に あてはまる 漢字《かんじ》を 下の □から えらんで かきなさい。

① 赤と □《あお》

② □《かわ》と うみ

③ あさと □《ゆう》

④ □《きん》と ぎん

⑤ 百《ひゃく》と □《せん》

青	夕	千	金	川

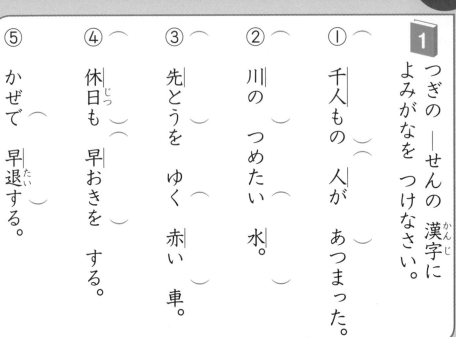

3

つぎの ―せんの 漢字《かんじ》に よみがなを つけなさい。

①（　）正方形《ほうけい》を（　）正しく かく。

②（　）青い ネクタイを しめた（　）青年《ねん》に 出あった。

③（　）先月 ゆび（　）先に けがを した。

④（　）千代《よ》がみで（　）千羽《ば》づるを おる。

4

漢字《かんじ》を □に かきなさい。

① □《せん》円の □《はな》たば。

② □《かわ》の □《いし》を ひろう。

③ □《せん》生の はなしを きく。

④ □《はや》足《あし》で □《さき》に □《がっ》校へ いく。

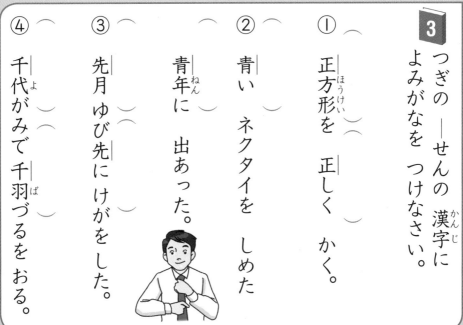

草

9画《かく》

ソウ
くさ

ぶしゅ	ぶしゅめい
艹	くさかんむり

ことばとつかいかた

草《くさ》むら

草《そう》《くさ》原《げん》《▲はら》

田《た》んぼの 草《くさ》とりを する

足

7画

ソク
あし
た（りる）
た（る）
た（す）

ぶしゅ	ぶしゅめい
足	あし

ことばとつかいかた

足《あし》くび

▲遠《えん》足《そく》

力《ちから》が 足《た》りない

村

ソン
むら

7画

ぶしゅ	木
ぶしゅめい	きへん

ことばとつかいかた

村《むら》まつり

▲市《し》町《ちょう》村《そん》

となり村《むら》の 村《そん》▲長《ちょう》さん

大

ダイ
タイ
おお
おお（きい）
おお（いに）

3画

ぶしゅ	大
ぶしゅめい	だい

ことばとつかいかた

大《おお》男《おとこ》 大《だい》学《がく》生《せい》

マラソン大《たい》▲会《かい》

口《くち》を 大《おお》きく あける

1 つぎの —せんの 漢字《かんじ》に よみがなを つけなさい。

① ひろい 草（　）げんを あるく。

② 足（　）しざんは とくいだ。

③ となり村（　）まで 足（　）を のばす。

④ ぞうの 大（　）きな 耳（　）。

⑤ 人（　）の 気（　）もちを 大（　）せつに する。

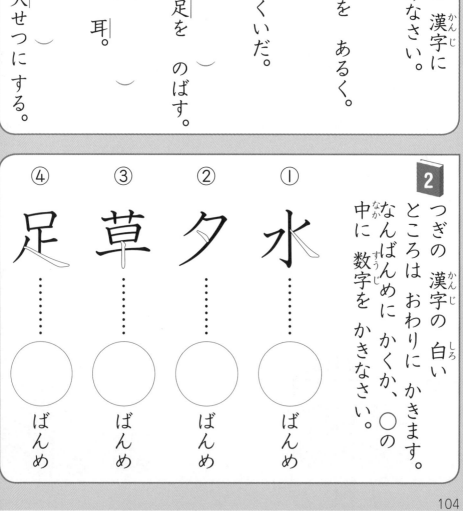

2 つぎの 漢字《かんじ》の 白《しろ》い ところは おわりに かきます。なんばんめに かくか、〇の 中《なか》に 数字《すうじ》を かきなさい。

① 水 ……〇 ばんめ

② 夕 ……〇 ばんめ

③ 草 ……〇 ばんめ

④ 足 ……〇 ばんめ

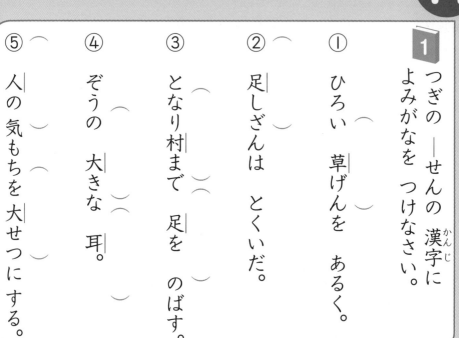

3 漢字《かんじ》を□に かきなさい。

① □《くさ》むらで □《やす》む。

② □《あし》くびを まわす。

③ □《むら》まつりに いく。

④ □《だい》事《じ》な ところに

□《あか》で せんを ひく。

4 漢字《かんじ》を□に かきなさい。

① にわの □《くさ》を ぬいた。

② くつ□《した》を 一□《そく》 かう。

③ □《そん》長《ちょう》さんは □《はや》口だ。

④ この □《あお》い □《いし》は

とても □《おお》きい。

男

7画《かく》

ダン
ナン
おとこ

ぶしゅ		ぶしゅめい	
ぶしゅ	田	ぶしゅめい	た

ことばとつかいかた

男《だん》女《じょ》

▲長《ちょう》男《なん》

男《おとこ》の子《こ》が ねむって いる

竹

6画

チク
たけ

ぶしゅ		ぶしゅめい	
ぶしゅ	竹	ぶしゅめい	たけ

ことばとつかいかた

竹《たけ》とんぼ

竹《ちく》林《りん》《たけばやし》

竹《たけ》うまに のる

中

4画

チュウ
ジュウ
なか

ぶしゅ	ぶしゅめい
丨	ぼう たてぼう

ことばとつかいかた

中《なか》ゆび

空中《くうちゅう》 一日中《いちにちじゅう》

ポケットの 中《なか》を 見《み》る

虫

6画

チュウ
むし

ぶしゅ	ぶしゅめい
虫	むし

ことばとつかいかた

虫《むし》▲歯《ば》

かぶと虫《むし》

こん虫《ちゅう》を かんさつする

1 つぎの ―せんの 漢字《かんじ》に よみがなを つけなさい。

① 足（　）の ながい 男（　）の 人。

② 男子（　）が 水（　）たまりで あそぶ。

③ 竹（　）うまに のった 女（　）の子。

④ 音（　）がくしつの まん中（　）に たつ。

⑤ 花（　）だんで 虫（　）を 見つける。

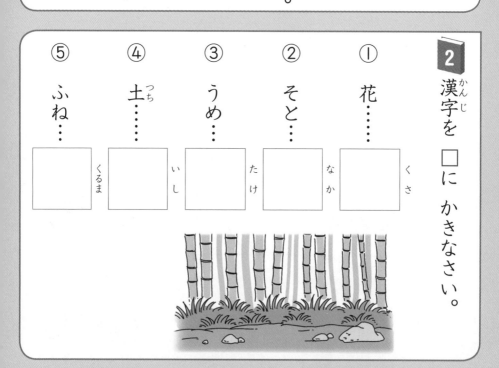

2 漢字《かんじ》を □に かきなさい。

① 花……□《くさ》

② そと……□《なか》

③ うめ……□《たけ》

④ 土《つち》……□《いし》

⑤ ふね……□《くるま》

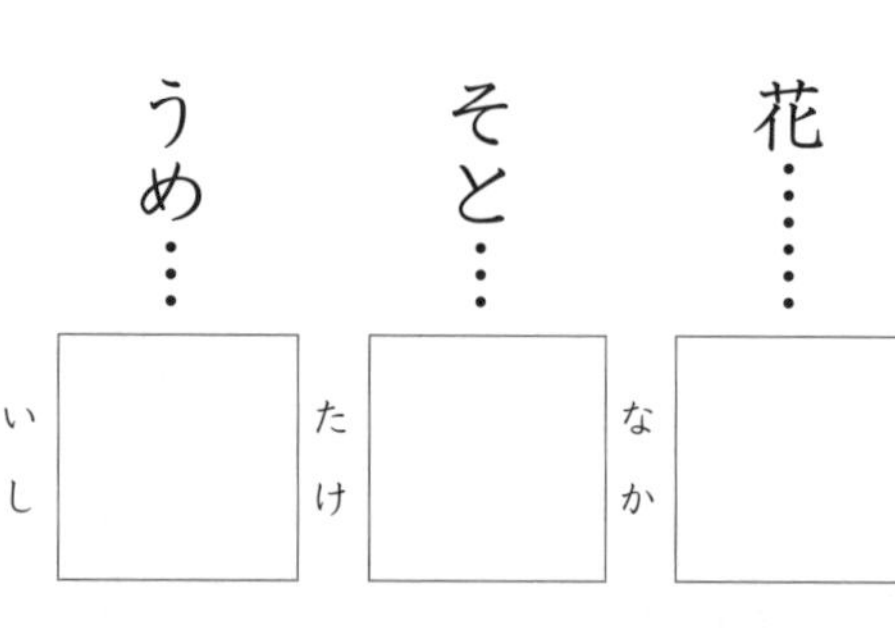

3

つぎの 漢字《かんじ》の よみがなで 正しい ほうの ばんごうに ○を つけなさい。

① 水《すい》中
1 ちゆう
2 ちゅう

② 大玉《だま》
1 おお
2 おう

③ 青年《ねん》
1 せい
2 せえ

④ 下《げ》車
1 しや
2 しゃ

4

漢字《かんじ》を □に かきなさい。

① □《おとこ》の子が はしる。

② その □《さき》は □《たけ》やぶだ。

③ 町《まち》の □《ちゅう》心《しん》に えきが ある。

④ □《むし》かごの □《なか》に こん □《ちゅう》が 五ひき いる。

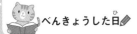

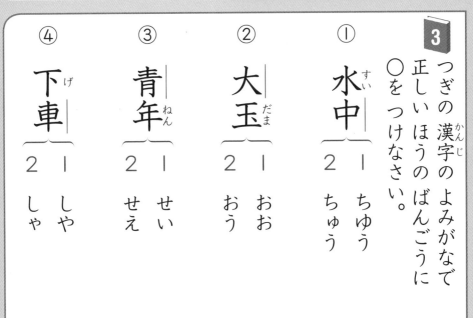

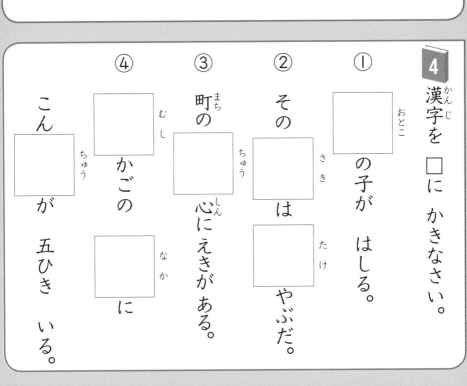

1

つぎの ―せんの 漢字《かんじ》に よみがなを つけなさい。 〈一つ2てん(20)〉

① 大きな（　） 円い（　） 石を（　） さがす。

② 先生は（　） おきるのが 早い（　）。

③ 村に（　） 青い（　） はたを 立《た》てる。

④ 赤ちゃんが（　） 生まれる（　）。

⑤ 竹やぶから（　） 虫が（　） とび出す。

2

□に あてはまる 漢字《かんじ》を 下の □から えらんで かきなさい。 〈一つ3てん(30)〉

① おとこ□ ― おんな□

② おお□きい ― ちい□さい

③ ひ□ ― みず□

④ やま□ ― かわ□

⑤ て□ ― あし□

火　男
小　女
大　手
足　山
水　川

100

80

50

とくてん
てん

3 つぎの ことばの よみがなに なるように □に ひらがなを 一字 かきなさい。〈一つ4てん（20）〉

① お月さま…お□きさま

② お金…お□ね

③ 草花…□さばな

④ 九人…きゅう□ん

⑤ 男子…□んし

4 漢字《かんじ》を □に かきなさい。〈一つ5てん（30）〉

① □《そう》原《げん》に しずむ □《ゆう》日《ひ》。

② □《せん》円さつを さいふの □《なか》に しまう。

③ □《ただ》しい こたえを □《ひと》に おしえる。

ひとやすみ
クイズで あそぼ!

③ なぞ？ なぞ？ 漢字《かんじ》

漢字《かんじ》の いちぶを えに すると、
ふしぎな 字の できあがり。
さて、なんという 漢字《かんじ》でしょう。

①

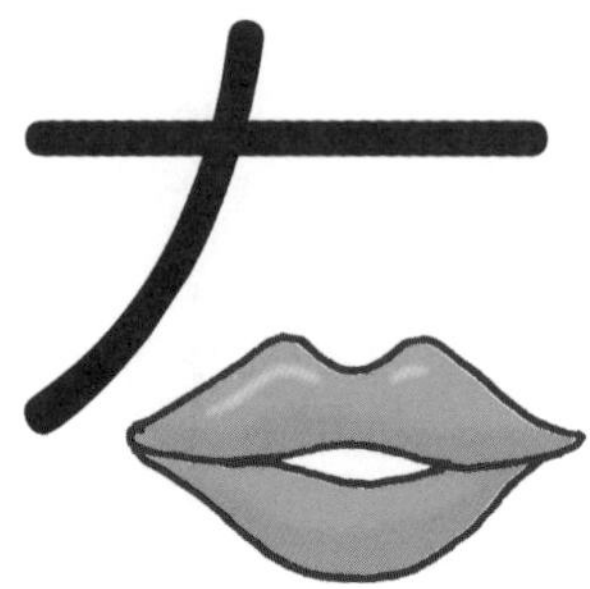

②

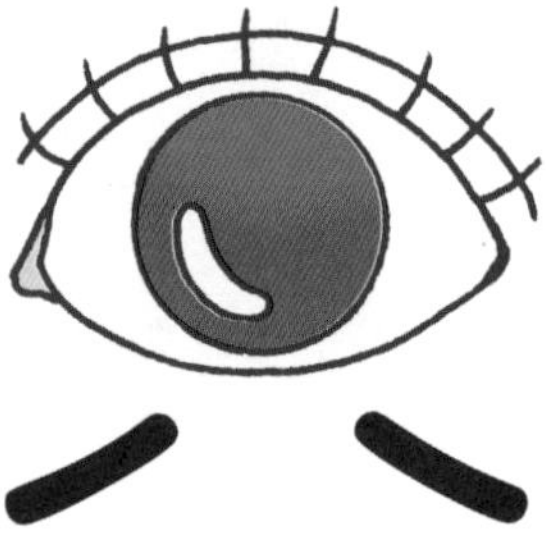

③

④

⑤

⑥

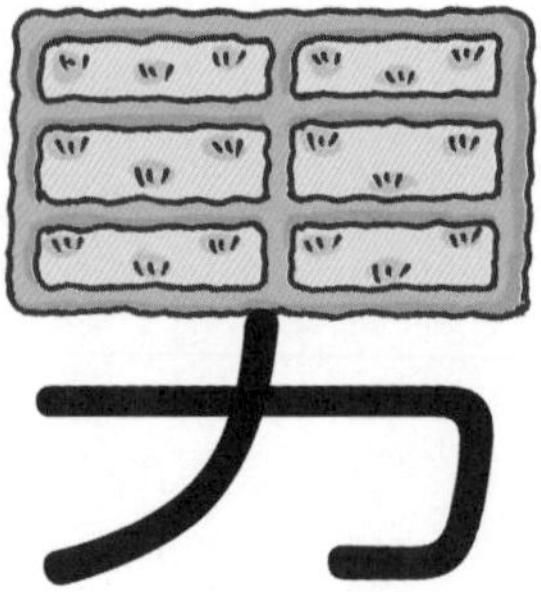

こたえは 137ページに あります。

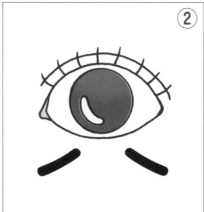

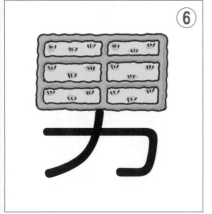

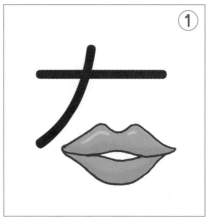

なるほど ものしり コーナー

② 漢字《かんじ》・ひらがなのルーツ

どうやって 字は 生まれたのかな?

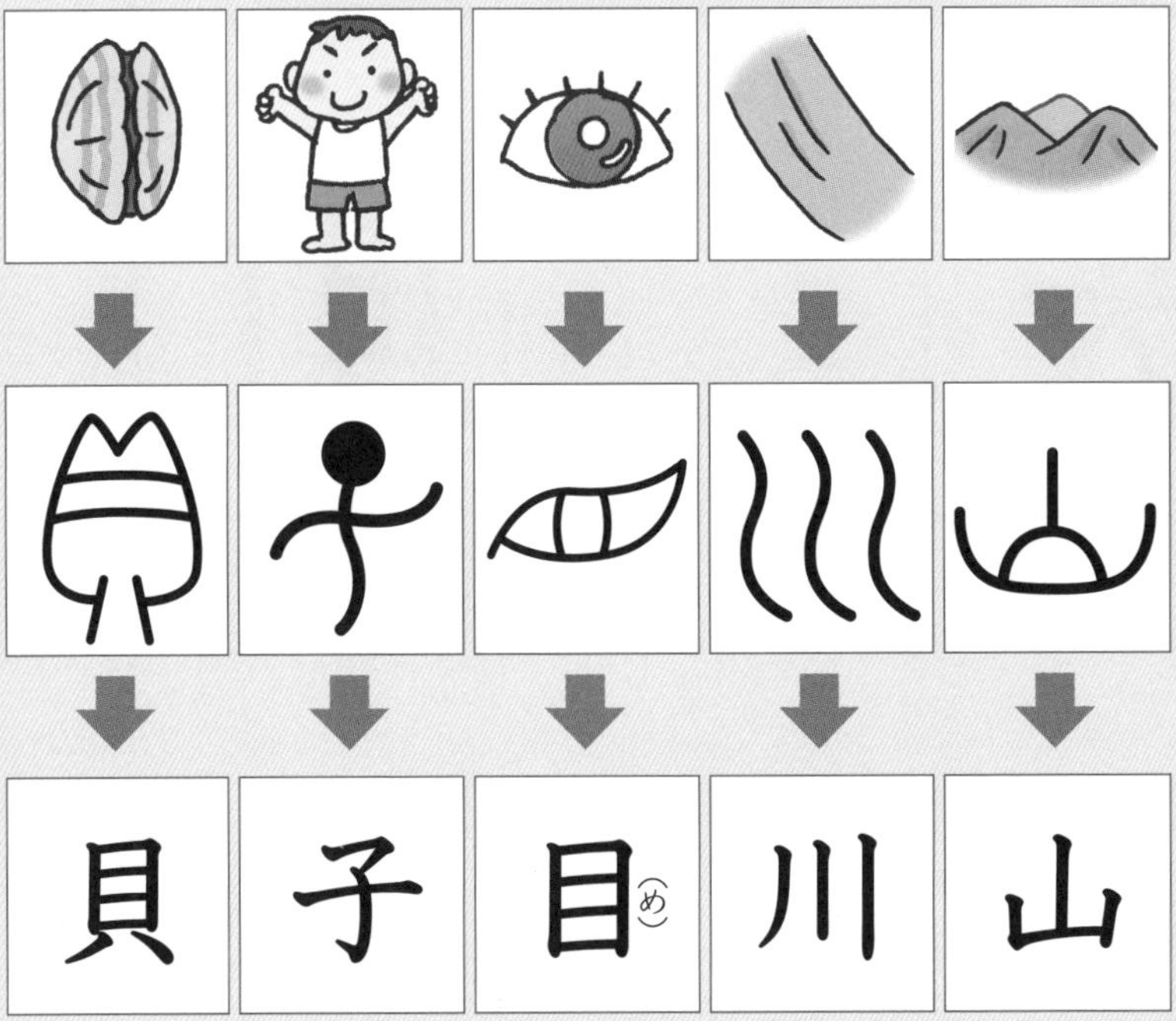

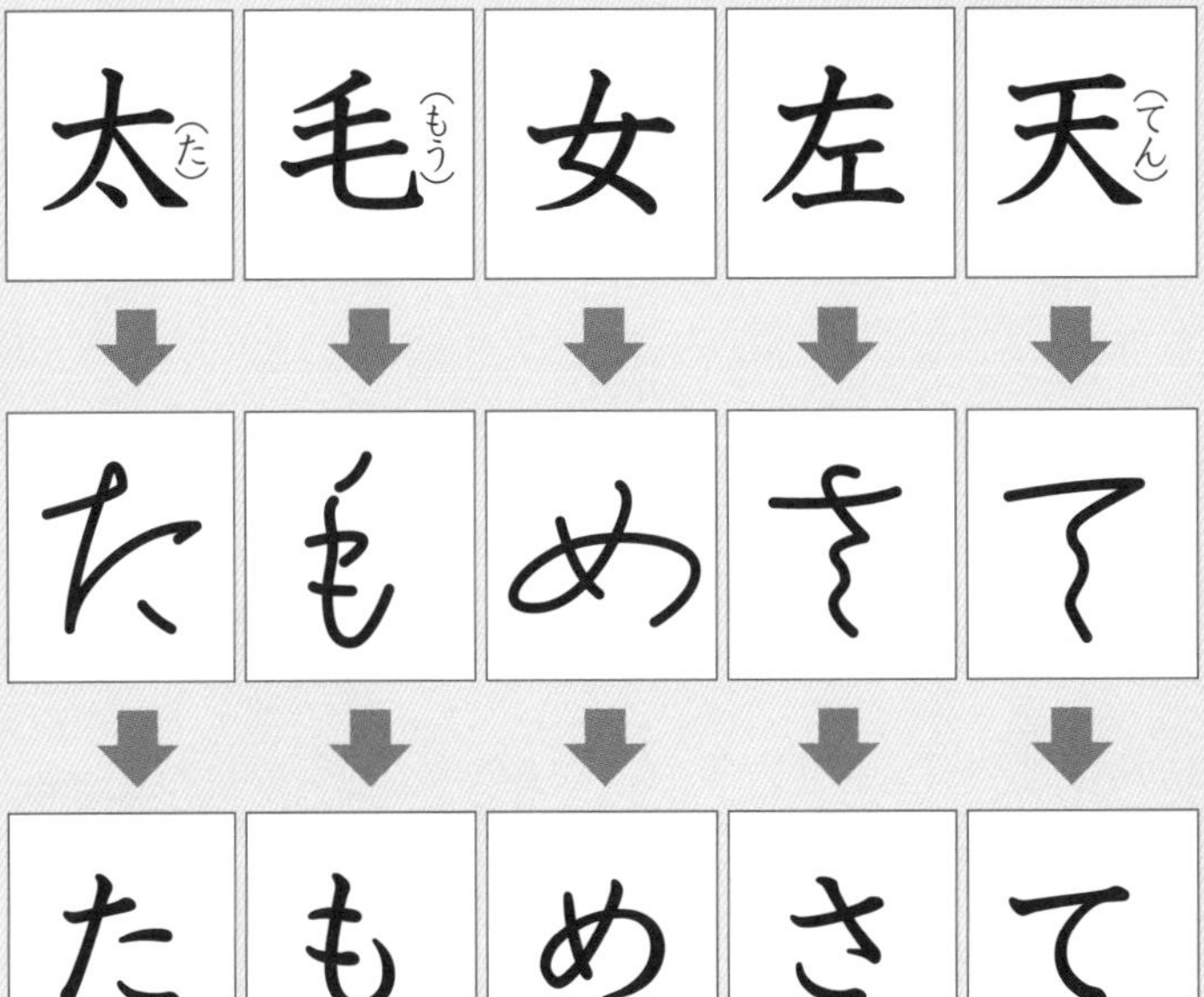

ものの かたちを うつしとった ものが、漢字《かんじ》の はじまりです。
ひらがなは、漢字《かんじ》を くずして 生まれました。

町

チョウ
まち

7画《かく》

ぶしゅ	田	ぶしゅめい	たへん

ことばとつかいかた

町《まち》はずれ

下町《したまち》

▲町内《ちょうない》の おみこしが 出《で》る

天

テン
あめ㊭
あま

4画

ぶしゅ	大	ぶしゅめい	だい

ことばとつかいかた

▲天国《てんごく》

天《てん》ぷら

天《あま》の川《がわ》が きれいだ

田

5画

デン
た

ぶしゅ	ぶしゅめい
田	た

ことばとつかいかた

水《すい》田《でん》

田《でん》▲園《えん》ふうけい

田《た》んぼに 水《みず》を ひく

土

3画

ド
ト
つち

ぶしゅ	ぶしゅめい
土	つち

ことばとつかいかた

土《つち》あそび

土《と》▲地《ち》

ねん土《ど》で 犬《いぬ》を つくる

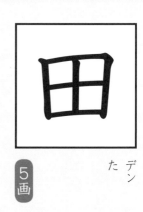

1 つぎの ―せんの 漢字《かんじ》に よみがなを つけなさい。

① 町（　　）はずれに 竹林《りん》（　　）が ある。

② 町立《りつ》の（　　）中学校（　　）に かよう。

③ 天の川（　　）が ま上（　　）に 見える。

④ 海底《かいてい》の 油《ゆ》田（　　）を ほる。

⑤ ねん土（　　）に 水（　　）を くわえる。

2 つぎの 漢字《かんじ》の 白《しろ》い ところは なんばんめに かきますか。〇の 中に 数字《すうじ》を かきなさい。

①  ……〇ばんめ

②  ……〇ばんめ

③  ……〇ばんめ

④  ……〇ばんめ

3

つぎの ―せんの 漢字《かんじ》に よみがなを つけなさい。

① 土（　）よう日《び》に 花だんの 土（　）を 入《い》れる。

② その 村（　）の 先に もっと 小さな 農《のう》村（　）が ある。

③ かぶと虫（　）の よう虫（　）が いる。

4

漢字《かんじ》を □に かきなさい。

① となり □《まち》の 川に □《みず》あそびに いく。

② □《てん》□《き》よほうは はれ。

③ □《た》んぼの わきの □《ど》□《て》を あるく。

二

ニ
ふた
ふた（つ）

2画《かく》

ぶしゅ		ぶしゅめい	
二		に	

ことばとつかいかた

二年生《にねんせい》　二月《にがつ》★二日《ふつか》

★二十日《はつか》　★二人《ふたり》

クッキーを 二《ふた》つに わる

日

ニチ
ジツ
ひ
か

4画

ぶしゅ		ぶしゅめい	
日		ひ	

ことばとつかいかた

日《ひ》やけ

休日《きゅうじつ》

▲今月《こんげつ》の 十日《とおか》は 日《にち》▲曜日《ようび》だ

入

2画

ニュウ
い（る）
い（れる）
はい（る）

ぶしゅ	入	ぶしゅめい	いる

ことばとつかいかた

手《て》入《い》れ
立《た》ち入《い》りきんし
入▲場《にゅうじょう》けんを もって 入《はい》る

年

6画

ネン
とし

ぶしゅ	干	ぶしゅめい	かん いちじゅう

ことばとつかいかた

お年《とし》より
一年《いちねん》▲間《かん》
あねは 二《ふた》つ 年上《としうえ》だ

1 つぎの ―せんの 漢字《かんじ》に よみがなを つけなさい。

① こん虫を 二ひき つかまえた。

② 今月《こんげつ》の 九《ここの》日は 日よう日だ。

③ 赤い 虫が まどから 入った。

④ 入学して 一年生に なった。

⑤ あの 子は 年が 二つ 上だ。

2 つぎの 漢字《かんじ》の よみがなで 正しい ほうの ばんごうに ○を つけなさい。

① 雨が 四《よっ》日 ｛1 にち／2 か｝ つづいた。

② ぼくは 長《ちょう》男 ｛1 なん／2 だん｝ です。

③ この 本《ほん》は ちちの お気に入 ｛1 はい／2 い｝ りだ。

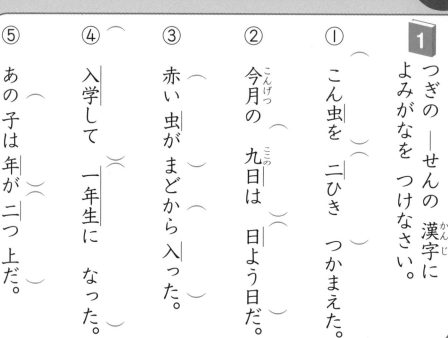

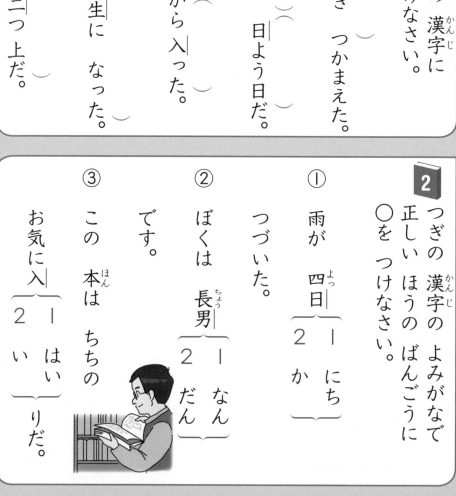

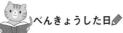

3

つぎの 漢字《かんじ》の 中には、「先」のように、六回《ろっかい》で かく 漢字《かんじ》が 三つ あります。その 漢字《かんじ》を□に かきなさい。

虫 町 村

男 竹 年

□ □ □

4

漢字《かんじ》を□に かきなさい。

① □《に》□《ねん》の 月 □《ひ》。

② □《いち》□《にち》に □《ふた》つも いい ことが あった。

③ はこの □《なか》に □《い》れる。

④ お□《とし》玉を もらう。

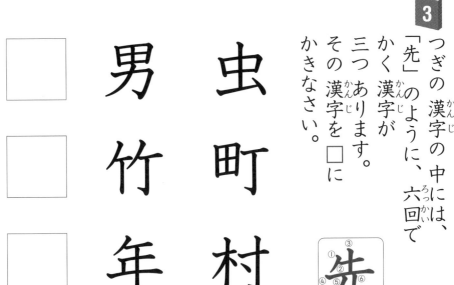

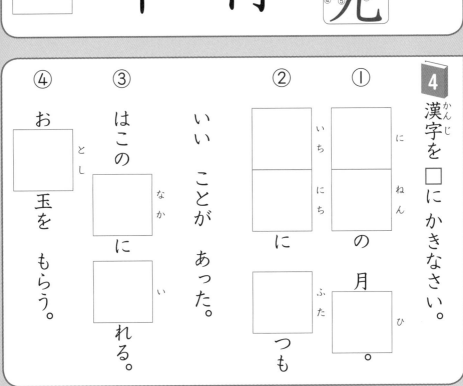

白

ハク
ビャク㊥
しろ
しら
しろ（い）

5画《かく》

ぶしゅ		ぶしゅめい	
	白		しろ

ことばとつかいかた

白《しら》さぎ

まっ白《しろ》な 白《はく》▲鳥《ちょう》

白《しろ》い くもが うかぶ

八

ハチ
や
や（つ）
やっ（つ）
よう

2画

ぶしゅ		ぶしゅめい	
	八		はち

ことばとつかいかた

八《や》▲重《え》ざくら

八《はち》月《がつ》八日《ようか》

りんごを 八《やっ》つに きる

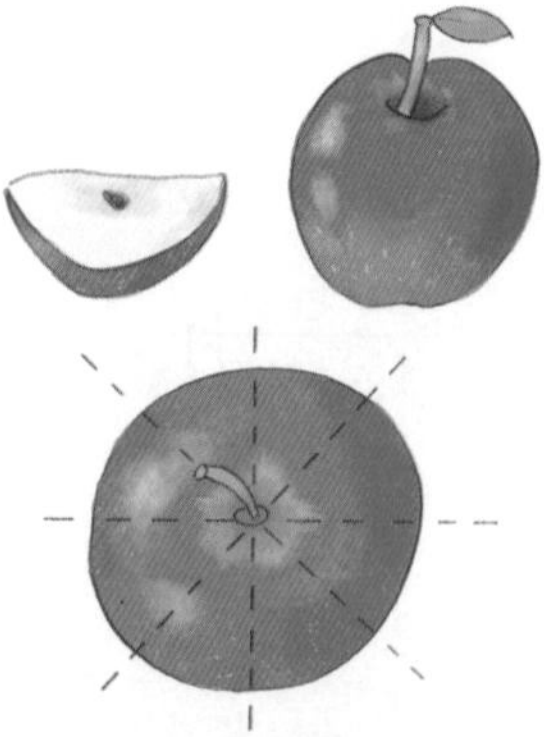

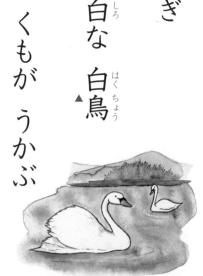

百

6画

ヒャク

ぶしゅ		ぶしゅめい	
ぶしゅ	白	ぶしゅめい	しろ

ことばとつかいかた

百《ひゃっ》▲科《か》じてん

百《ひゃく》▲点《てん》を とる

百《ひゃく》さいの おばあさん

文

4画

ブン
モン
ふみ㊥

ぶしゅ		ぶしゅめい	
ぶしゅ	文	ぶしゅめい	ぶん

ことばとつかいかた

▲作《さく》文《ぶん》

天《てん》文《もん》▲台《だい》

十《じゅう》一《いち》月《がつ》三《みっ》日《か》は 文《ぶん》▲化《か》の日《ひ》

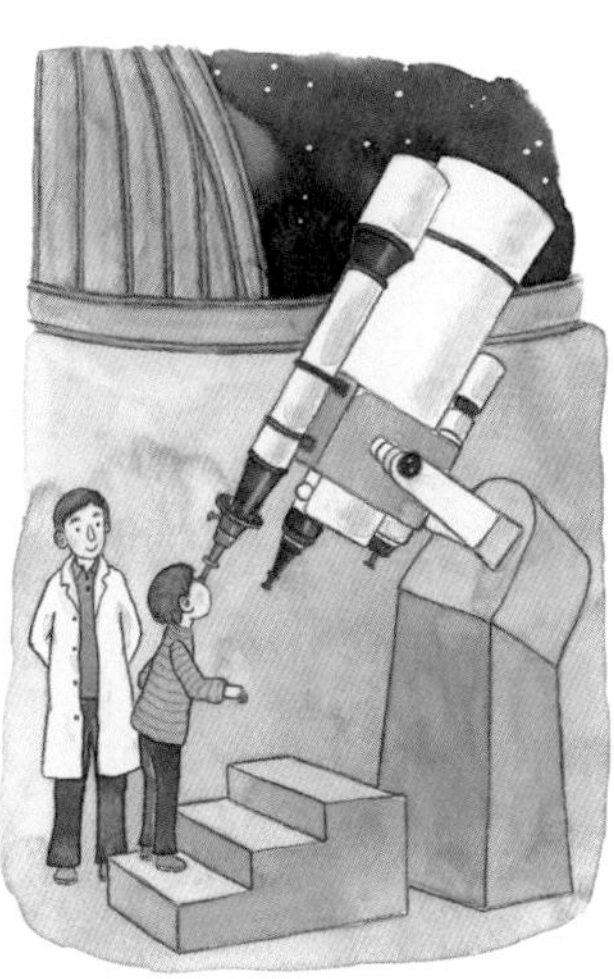

1

つぎの ―せんの 漢字《かんじ》に よみがなを つけなさい。

① 白馬《ば》に のった 王子さま。

② 今月《こんげつ》の 八日《か》は 休みだ。

③ 男の 人が 八人 いた。

④ それから 百年が すぎた。

⑤ 本《ほん》の かんそう文を かく。

2

つぎの ことばの よみがなに なるように □に ひらがなを 一字 かきなさい。

① 左足…ひ□り□し

② 大ぜい……お□ぜい

③ さく文……さくぶ□

④ 五日……□つ□

⑤ 夕日……ゆ□□

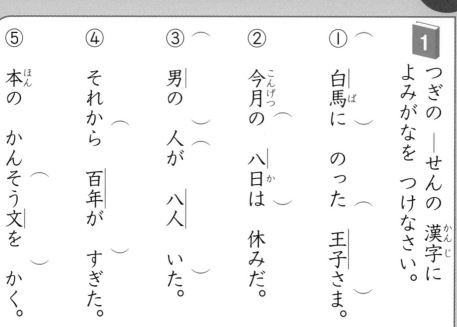

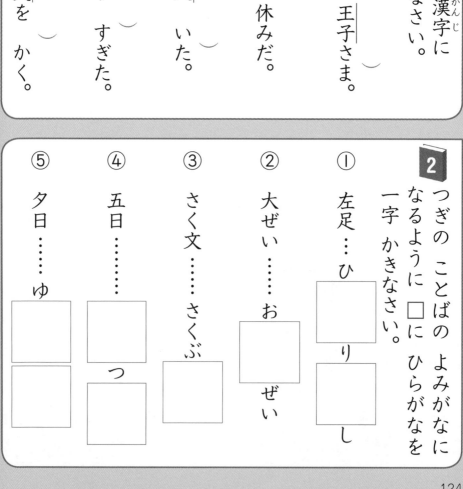

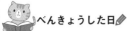

3 漢字《かんじ》を □に かきなさい。

① □《あか》ぐみと □《しろ》ぐみ。

② かぶと□《むし》に ついての □《ぶん》しょう。

③ □《ひゃく》だんの 石だんを □《み》上げる。

4 漢字《かんじ》を □に かきなさい。

① □《しろ》い 石を ひろう。

② おにぎりが □《やっ》つ ある。

③ □《ぶん》ぼうぐを かうと おつりは □《に》□《ひゃく》円だ。

④ カルガモが □《はち》わ いる。

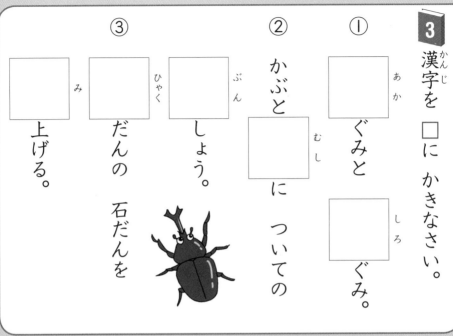

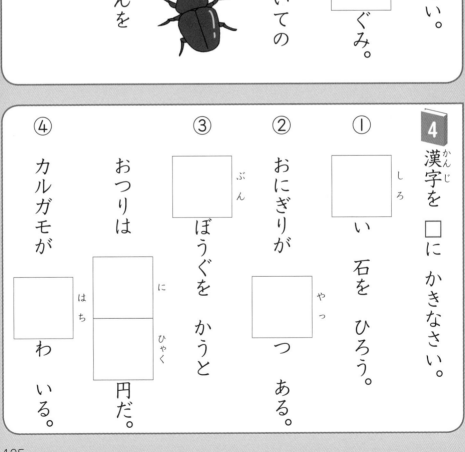

木

ボク
モク
き
こ

4画《かく》

ぶしゅ	ぶしゅめい
木	き

ことばとつかいかた

木《こ》かげ　大《たい》木《ぼく》

木《もく》よう日《び》

うえ木《き》の 手《て》入《い》れを する

本

ホン
もと

5画

ぶしゅ	ぶしゅめい
木	き

ことばとつかいかた

本《ほん》気《き》

手《て》本《ほん》

ろうそくを 七《なな》本《ほん》 立《た》てる

名

6画

メイ
ミョウ
な

ぶしゅ		ぶしゅめい	
	口		くち

ことばとつかいかた

名《な》▲前《まえ》

名《みょう》字《じ》

▲有《ゆう》名《めい》に なる

目

5画

モク
ボク㊥
め
ま㊮

ぶしゅ		ぶしゅめい	
	目		め

ことばとつかいかた

目《め》ざましどけい

目《もく》▲標《ひょう》

くもの きれ目《め》

1

つぎの ―せんの 漢字《かんじ》に よみがなを つけなさい。

① にわに 木を 二本 うえる。

② うえ木の 手入れを する。

③ 名人に つりを おそわる。

④ 名ふだを くばる。

⑤ もの音で 目が さめる。

2

つぎの ―せんの 漢字《かんじ》に よみがなを つけなさい。

① 大きな ケーキが 大すきだ。

② 名字と 名まえを いう。

③ 木よう日に 森で 木に のぼって あそんだ。

④ 入場《じょう》もんから 入った。

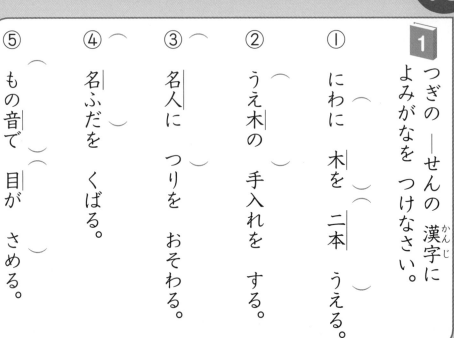

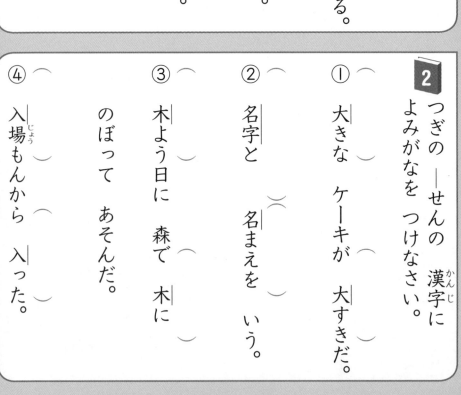

3 漢字《かんじ》を□に かきなさい。

① くろ……□《しろ》

② 空……□《てん》

③ 村……□《まち》

④ 花……□《き》

⑤ はたけ…□《た》

4 漢字《かんじ》を□に かきなさい。

① はしらの □《もく》□《め》が うつくしい。

② □《にっ》□《ぽん》□《いち》の 山の □《な》は ふじ山です。

③ □《ほん》の □《もく》次《じ》を 見る。

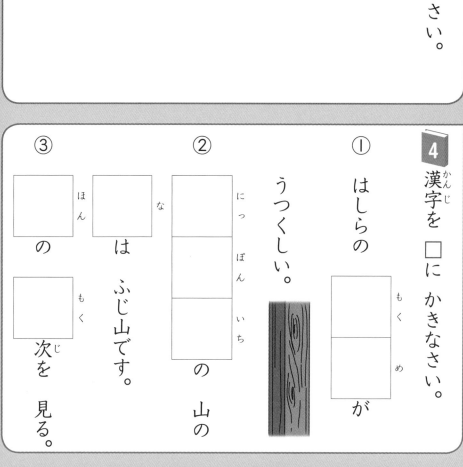

立

5画《かく》

リツ
リュウ㊒
た(つ)
た(てる)

ぶしゅ		ぶしゅめい	
ぶしゅ	立	ぶしゅめい	たつ

ことばとつかいかた

立《た》ち上《あ》がる

▲起《き》立《りつ》

▲板《いた》を 立《た》てる

力

2画

リョク
リキ
ちから

ぶしゅ		ぶしゅめい	
ぶしゅ	力	ぶしゅめい	ちから

ことばとつかいかた

▲努《ど》力《りょく》

力《りき》▲作《さく》

力《ちから》いっぱい はしる

林

リン
はやし

8画

ぶしゅ	ぶしゅめい
木	きへん

ことばとつかいかた

ぞう木《き》林《ばやし》

▲林《りん》道《どう》

林《はやし》の 中《なか》を あるく

六

ロク
む
む（つ）
むっ（つ）
むい

4画

ぶしゅ	ぶしゅめい
八	は

ことばとつかいかた

六《む》つぎりの パン

くりが 六《むっ》つ

たん生《じょう》日《び》は 六《ろく》月《がつ》六《むい》日《か》だ

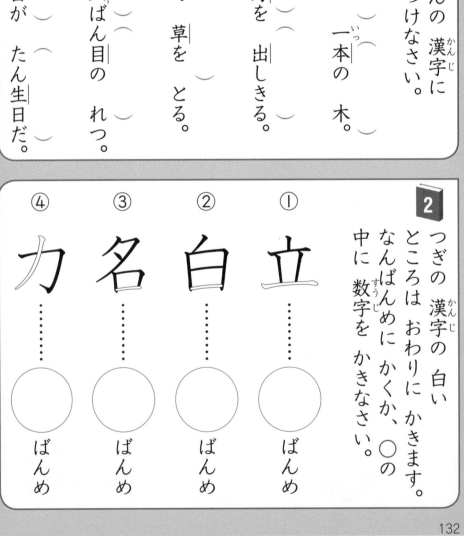

1 つぎの ―せんの 漢字《かんじ》に よみがなを つけなさい。

① 校庭《こうてい》に 立（　）つ 一《いっ》本（　）の 木。

② じぶんの 力（　）を 出（　）しきる。

③ 林（　）に 入って 草（　）を とる。

④ まえから 六（　）ばん目（　）の れつ。

⑤ 今月《こんげつ》の 六（　）日《か》が たん生（　）日だ。

2 つぎの 漢字《かんじ》の 白い ところは なんばんめに かくか、○の 中に 数字《すうじ》を かきなさい。

① 立……○ばんめ

② 白……○ばんめ

③ 名……○ばんめ

④ 力……○ばんめ

3 つぎの ことばの よみがなに なるように □に ひらがなを 一字 かきなさい。

① 一人…ひ□□

② 四本……□んほ□

③ 六つ……□っつ

④ 八つ……□っつ

⑤ 百だん…□やくだん

4 漢字《かんじ》を □に かきなさい。

① 町□《りつ》の としょかん。

② □《がく》□《りょく》テストで □《ちから》だめしを する。

③ □《ろく》年生と □《しん》□《りん》 こうえんに いく。

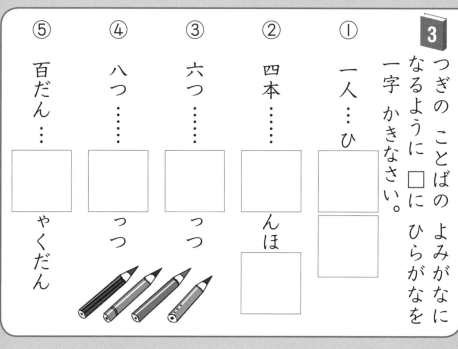

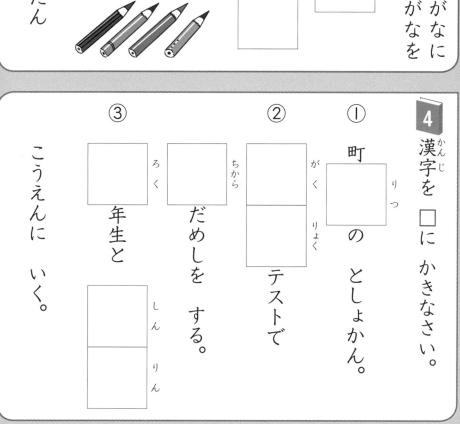

1

つぎの ―せんの 漢字《かんじ》に よみがなを つけなさい。〈一つ2てん（20）〉

① 木（　　）の 名（　　）まえを しらべる。

② はたけに 土（　　）を 入（　　）れる。

③ 白（　　）く ながれる 天（　　）の川。

④ 町（　　）はずれの 林（　　）を ぬける。

⑤ 二人（　　）が ならんで 立（　　）ち上がる。

2

つぎの ことばの よみがなに なるように □に ひらがなを 一字 かきなさい。〈一つ5てん（25）〉

① 白ぐみ……し□ぐみ

② 二日……ふつ□

③ 右足……みぎ□し

④ 八こ……□ちこ

⑤ お年玉……お□しだま

100

80

50

とくてん

てん

3

ばらばらに なって いる 漢字《かんじ》を むすんで もとに もどし、□に かきなさい。〈一つ5てん（25）〉

① 艹・・一 ― □《ひゃく》

② 八・・早 ― □《くさ》

③ 白・・寸 ― □《むら》

④ 工・・亠 ― □《ろく》

⑤ 木・・ナ ― □《ひだり》

4

漢字《かんじ》を □に かきなさい。〈一つ5てん（30）〉

① お手□《ほん》を 見て □《ぶん》を つくる。

② □《め》ざましどけいが □《に》かい なる。

③ □《た》うえは □《ちから》しごとだ。

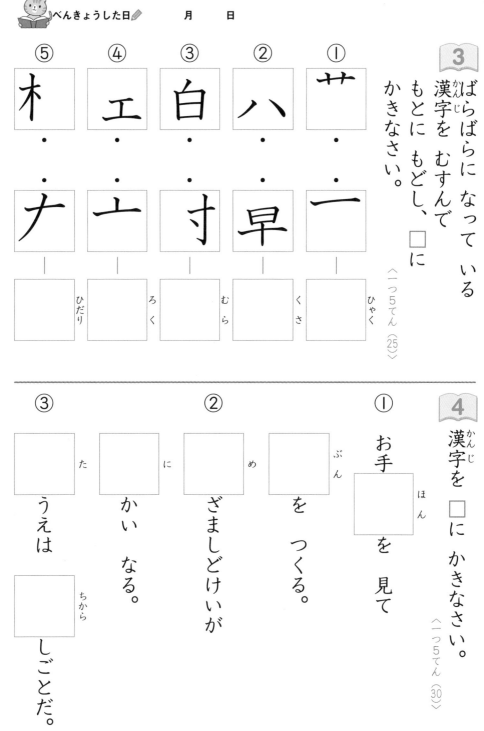

④ どの ことばが 入るかな？

むかしばなしの いちばめんです。
中に どの ことばが あてはまるか、
下の ことばから えらんでね。

① うらしまたろう

① おにげ
やさしい ② だ！

② かぐやひめ

なんて ③ 女の子！
④ 生まれたんじゃ

③ つるの おんがえし

中を ⑤ いけません よ
⑥ つるが いるぞ

あ 男の人
い 竹から
う 見ては
え 小さな
お 早く
か 白い

こたえは 左ページに あります。

なるほど
ものしりコーナー

③ 漢《かん》字《じ》の「じてん」で あそぼう！

漢《かん》字《じ》と 漢《かん》字《じ》を くみあわせると、一つの ことばが できます。こくごじてんや 漢《かん》字《じ》の じてんで しらべて みましょう。

「一」の 字を じてんで しらべると、たくさんの ことばが でて きます。

【一《イチ》】 (1) 一 0 教 常 10 1676/306C 音 イチ・イツ 訓 ひと・ひとつ 外 はじめ
〔弌〕 4801/5021
筆順 一
意味 ①ひとつ。数の名。ひとたび。「一列」「一度」「一個」②はじめ。もっともすぐれている。「一番」「一流」「第一」③ひとつにする。すべて。全部。ひとしい。「一括」「一様」「均一」④あるひとつの。「一説」「一夜」「一例」⑤わずか。ちょっと。「一刻」「一瞬」「一笑」⑥もっぱら。ただそれだけ。「一意」「一散」「専一」 参考 金銭の証書などでは、まちがいを防ぐために「一」のかわりに「壱」を用いる。
【一円】イチエン その付近一帯。全域。「北関東―を豪雨が襲った」
【一丸】イチガン ひとかたまり。人や物が一つにまとまること。「―となって不況を乗り切った」
【一眼】イチガン ①片方の目。一つの目。②片目。類 独眼・隻眼
【一△見】イチゲン 初めて会うこと。初対面。特に旅館・料亭で初めての客をいう。「―の客はことわられる」対 馴染《なじ》み 参考「イッケン」と読めば別の意になる。

★「二」や「三」は どうかな？「じてん」で あそんでね！

しっている ことばは あるかな？

・一本の 木

・一年生に なる

・一口で たべる

・一番《ばん》で ゴール

ひとやすみ クイズで あそぼ！ のこたえ

★64ページ

★88ページ

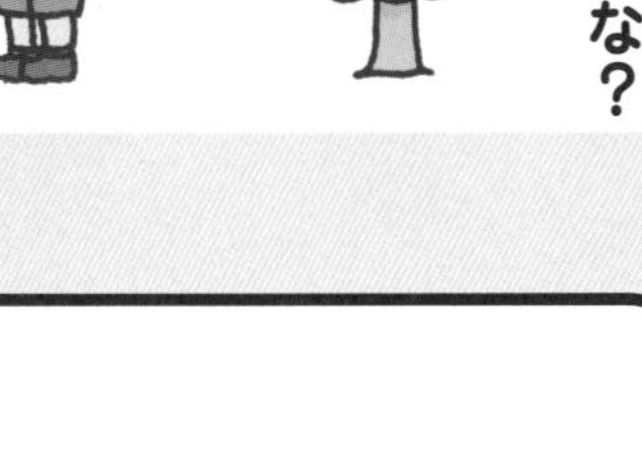

★112ページ ①右 ②貝 ③赤 ④早 ⑤村 ⑥男

★136ページ ①お ②あ ③え ④い ⑤う ⑥か

1 つぎの ぶんを よんで、—せんの **かん字**の **よみがな**を —せんの **みぎ**に かきなさい。

1つ2てん(40)

てん

1 ①花に あつまる ②虫を さがしに みんなで ③草はらに ④出かけた。

2 ⑤夕がたから ⑥空が くもって ⑦月が かくれて いる。

3 なつ⑧休みに ⑨田んぼの そばの 川で ザリガニを つり⑩上げた。

4 ⑪小さな うさぎが ぴんと ⑫耳を ⑬立てる。

5 ゆきが つもって ⑭山も
⑮森も まっ⑯白だ。

6 きょうは ⑰早く
⑱目が さめたので ⑲犬と
いっしょに ⑳林まで
さんぽに いった。

---

2 つぎの **かん字の ふとい** ところは **なんばんめに** かきますか。◯の なかに **すう字を** かきなさい。

1つ1てん(12)

てん

正 1 ◯

休 2 ◯

九 3 ◯

右 4 ◯

五 5 ◯

竹 6 ◯

足 7 ◯

左 8 ◯

百 9 ◯

四 10 ◯

土 11 ◯

年 12 ◯

3 つぎの ぶんを よんで、—せんの **かん字**の **よみがなを** —せんの **みぎ**に かきなさい。

1つ2てん(16)

てん

1 水とうを かたに かける。

つめたい 2 水を のむ。

3 金メダルを ぶらさげる。

4 金づちで くぎを うつ。

5 小学生が とおる みち。

赤ちゃんが 6 生まれる。

きよ 7 年の おもい出。

お 8 年よりと はなす。

4

つぎの **ことばの** **よみがなで** ただしい ほうの **ばんごうに** ○を つけなさい。

1つ2てん(10)　　てん

1 人名　① じんめえ　② じんめい

2 三日　① みつか　② みっか

3 王子　① おうじ　② おおじ

4 正月　① しょがつ　② しょうがつ

5 下校　① げこう　② げこお

5

□に **ひらがなを** **一字** かいて、つぎの **ことばの** **よみを** こたえなさい。

（れい　ふじ山…ふじ[さん]）

1つ2てん(12)　　てん

学ぶ…[1　　]なぶ

大雨…お[2　　]あめ

小川…[3　　]がわ

六日…む[4　　]か

一日…[5　　]いた[6　　]

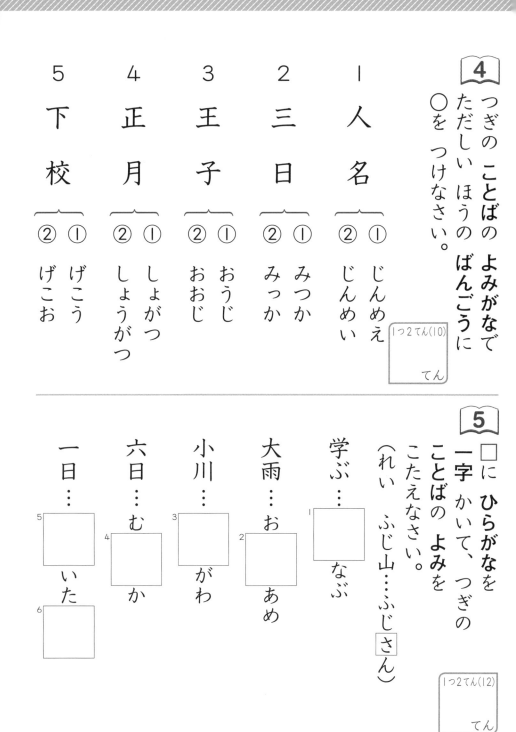

6

つぎの □の なかに **かん字**を かきなさい。

1 え……□《ぶん》

2 はり……□《いと》

3 空……□《てん》

4 草……□《き》

5 いわ……□《いし》

6 百……□《じゅう》

7 目……□《くち》

8 おや……□《こ》

9 上……□《した》

10 さかな……□《かい》

1つ2てん(20)　　てん

7

つぎの ぶんを よんで、□の なかに **かん字**を かきなさい。

1 ①□《さ》②□《ゆう》に ③□《き》を つけて ④□《くるま》が すすむ。

2 ⑤□《あか》い クレヨンを ⑥□《て》に もって わくの ⑦□《なか》を ぬる。

1つ2てん(40)　　てん

3

とおくから
⑧□《むら》まつりの
たいこの
⑨□《おと》が　きこえる。

4

お⑩□《かね》を
千⑪□《えん》出して
⑫□《なな》⑬□《ほん》の　えんぴつと
⑭□《に》さつの　ノートを
かった。

5

シャボン⑮□《だま》が
⑯□《ひと》つ
かぜに　のって
⑰□《あお》い
空へ　とんで　いく。

6

おとうとは
⑱□《かわ》で
小さな
⑲□《かい》を
たくさん
⑳□《み》つけた。

ごうけい(150)
てん

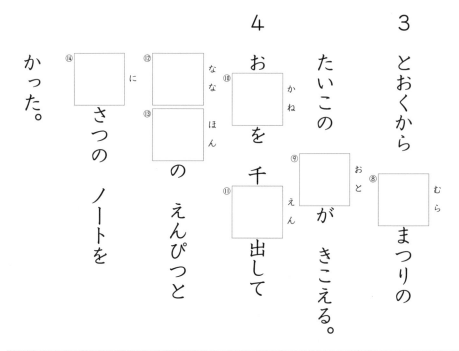

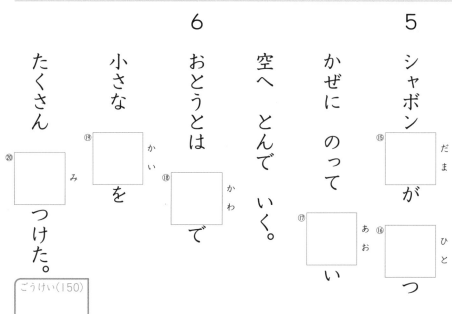

漢検 10級 漢字学習ステップ 改訂二版

2023年8月20日 第1版第4刷 発行
編　者 公益財団法人 日本漢字能力検定協会
発行者 山崎　信夫
印刷所 三松堂株式会社
製本所 株式会社 渋谷文泉閣

発行所 公益財団法人 日本漢字能力検定協会
〒605-0074 京都市東山区祇園町南側551番地
☎(075) 757-8600
ホームページ https://www.kanken.or.jp/

Printed in Japan
ISBN978-4-89096-410-9 C0081

公益財団法人 日本漢字能力検定協会

改訂二版

漢検

漢検 漢字学習 ステップ

答《こた》え

別冊《べっさつ》

10級

「答《こた》え」は
別冊《べっさつ》になっています。
とりはずしてつかって
ください。

名まえ

※「答《こた》え」をとじているはり金でけがをしないよう、
気をつけてください。

漢検 公益財団法人 日本漢字能力検定協会

700410 (1-4)

≪ P.13

ステップ1（ひらがな）

はし
はな
あめ
くも

ひつじ
さくら
つくし
めだか

●おなじ よみかたでも まったく ちがった いみに なる ことばです。ほかにも みつけて みましょう。

≪ P.17

ステップ2（ひらがな）

さいふ　ヨット
ぼうし　ビーチパラソル
かばん

≪ P.21

ステップ3（ひらがな）

あいうえ・おんぷ
かきくけ・こおり
さしすせ・そうじ
たちつて・とかげ
なにぬね・のはら
はひふへ・ほたる
まみむめ・もぐら

や(い)ゆ(え)・よつば
らりるれ・ろうか
がぎぐげ・ごはん
ざじずぜ・ぞうり
だぢづで・どせい
ばびぶべ・ぼたん
ぱぴぷぺ・ぽっと

≪ P.25

ステップ4（ひらがな）

さか と かさ
みせ と せみ
みるく と くるみ

かき
きつね
さる
きのこ

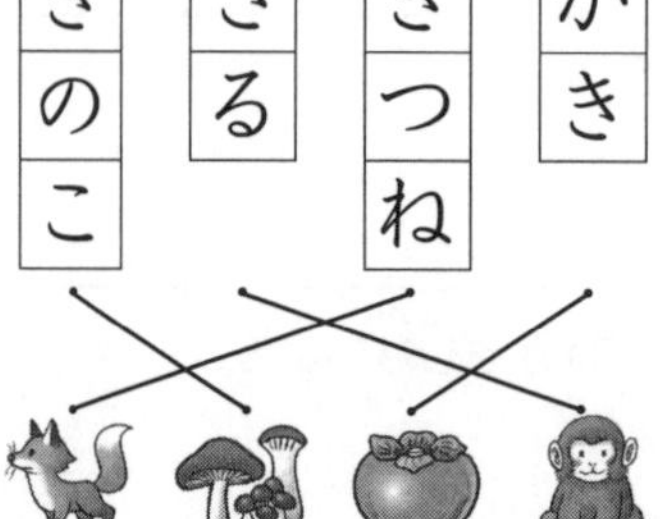

P.29

ステップ5（ひらがな）

くるまが　1だい
2けん　のいえ
カードが　3まい
4ほん　のろうそく
プレゼントは　5こ
いぬが　6ぴき

7つ　のみかん
（「7このみかん」でもよいです）
ほしが　8こ
9わ　のことり
こどもが　10にん

P.32・33

ステップ6（カタカナ）

サッカー　シュート
ホイッスル　ラケット
バスケットボール　バット
みみ　バレーボール
トマト　ホームラン
きつつき
しんぶんし

P.36・37

ステップ7（カタカナ）

ジャム　パン　オレンジ
サラダ　アイスクリーム
ピザ　コロッケ　チョコレート

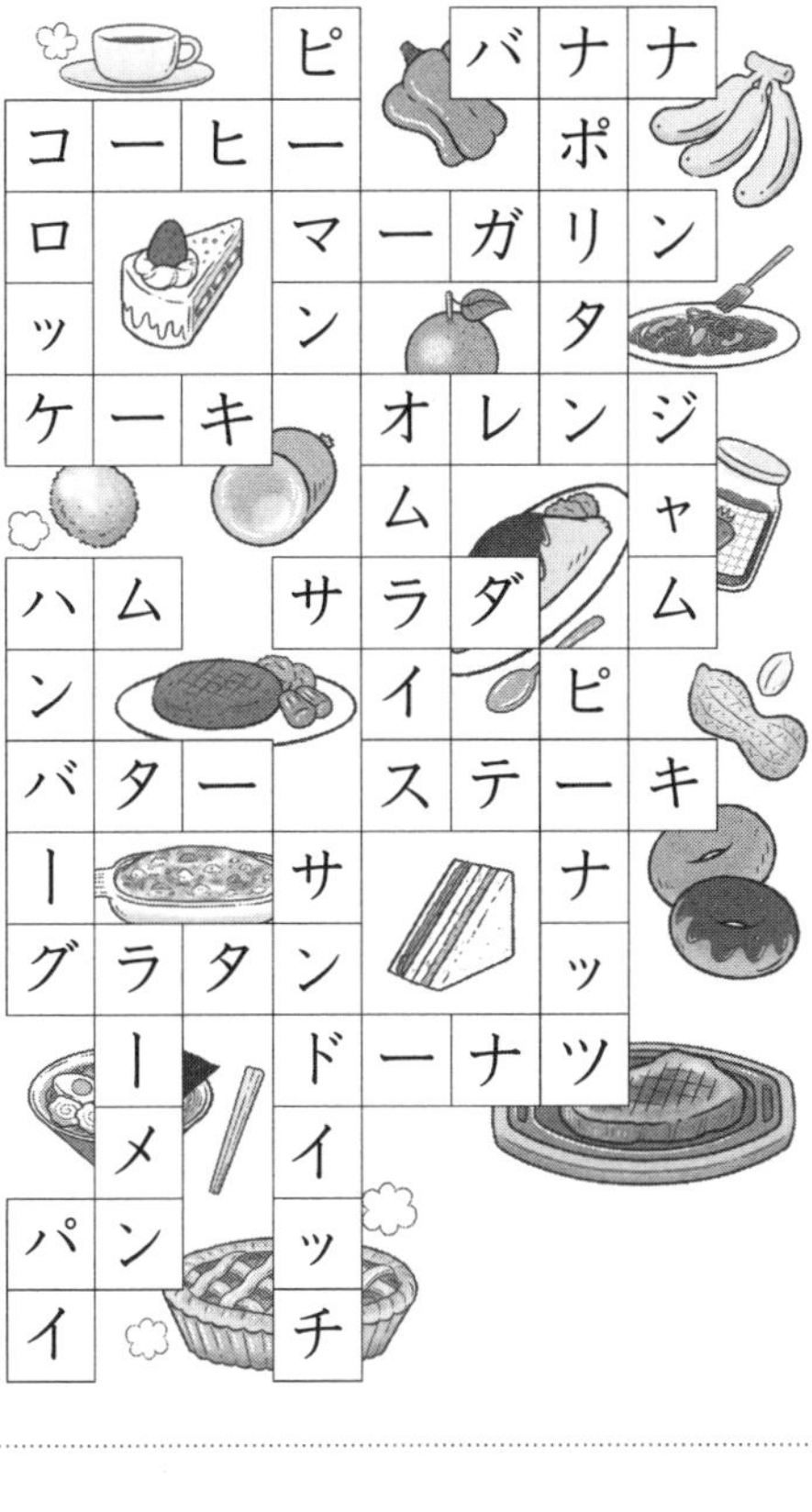

			ピ		バ	ナ	ナ
コ	ー	ヒ	ー			ポ	
ロ			マ	ー	ガ	リ	ン
ッ			ン			タ	
ケ	ー	キ		オ	レ	ン	ジ
				ム			ャ
ハ	ム		サ	ラ	ダ		ム
ン				イ		ピ	
バ	タ	ー		ス	テ	ー	キ
ー			サ			ナ	
グ	ラ	タ	ン			ッ	
	ー		ド	ー	ナ	ツ	
	メ		イ				
パ	ン		ッ				
イ			チ				

●たべものや のみものの なまえだけで つくった クロスワード・パズルです。

ステップ1 《 P.44・P.45

1
①ひと
②みぎ
③あめ
④あま
⑤まる

2
①右・カメラ
②カモメ・一
③ペン・円

3
①
- 一つのみかん ― ひと
- 一まいのえ ― いち

②
- 一休《やす》みする ― ひと
- 一わのとり ― いち
- 一さつの本《ほん》 ― いっ

4
①一
②一・右
③雨
④円

ステップ2 《 P.48・P.49

1
①おう
②あめ・おと
③おん
④か
⑤ひ

2
①4ばんめ
②3ばんめ
③1ばんめ
④2ばんめ

3
①1くだ
②2お
③1さ
④2しも

4
①王
②下・音
③音・火

ならった漢字《かんじ》と ポイント

一　右　雨　円　王　音　下　火

●「いち」だけでは なく、「いっ」や「ひと」など、かぞえる ものに よって、いろいろな よみかたが あります。

●「一」（よこの ぼう）からでは なく、「ノ」から かきはじめます。かく じゅんばんに ちゅういしましょう。

●「あめ」の ほかに、「う」や「あま」と よむ ことも あります。「雨天《うてん》」とは、雨《あめ》の ふって いる 天気《てんき》の ことです。

●お金《かね》を かぞえる ときにも つかう 漢字《かんじ》です。

●かく じゅんばんに ちゅういしましょう（2ばんめは たての ぼう）。「百《ひゃく》じゅうの 王《おう》」とは、「すべての けものの 王《おう》さま」と いう いみです。

●「おと」の ほかに、「音色《ねいろ》」のように「ね」など と よむ ことも あります。

●「した」だけでは なく、「しも」や「さ（げる）」、「くだ（る）」、「お（ろす）」など、いろいろな よみかたの ある 漢字《かんじ》です。

●「ひ」の ほかに、「火事《かじ》」や「火山《かざん》」など、「か」と よむ ことが よく あります。

≪ P.52・P.53

ステップ 3

1
① か・はな
② かい
③ がっ
④ まな
⑤ おと・き

2
① 2いっ
② 1ゆう
③ 2おう
④ 2がっ

3
① お・か
② か・はな
③ えん・まる

4
① 花火
② 貝
③ 学・学
④ 気

≪ P.56・P.57

ステップ 4

1
① かい・きゅう
② ここの・きゅう
③ だま
④ きん
⑤ かね

2
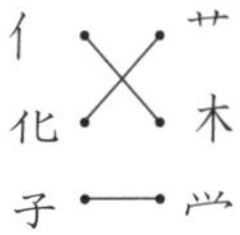

花・休・学

3
① 九・チャイム
② キング・王
③ ビ・玉

4
① 九
② 金・休
③ 一・玉・九

ならった 漢字《かんじ》と ポイント

花 貝 学 気 九 休 玉 金

●さいしょに かく「艹」は、「くさかんむり」と いって、しょくぶつに かんけいの ある 漢字《かんじ》に よく 見《み》られます。

●「かい」と よみますが、「ほたて貝《がい》」や「しんじゅ貝《がい》」など、まえに ことばが つくと、「がい」と よむ ことが よく あります。

●「学校《がっこう》」や「学習《がくしゅう》」など、よく 目《め》に する 漢字《かんじ》です。「まな（ぶ）」と いう よみかたも、おぼえて おきましょう。

●「き」の ほかに、「気配《けはい》」や「しっ気《け》」など、「け」と よむ ことも あります。

●「九《ここの》つ」や「九日《ここのか》」など、「ここの（つ）」、「ここの」と よむ ことも あります。かく じゅんばんは「ノ」からです。

●さいしょに かく「亻」は、「にんべん」と いって、「人」（ステップ11）と いう 字《じ》が へんかした もので す。「木《き》の そばで 人《ひと》が 休《やす》む」と おぼえましょう。

●「王」と かいてから、さいごに てんを うちます。かく じゅんばんに ちゅういしましょう。

●「かね」の ほかに、「金具《かなぐ》」や「金《かな》づち」など、「かな」と よむ ことも あります。

ステップ5

≪ P.60・P.61

1
①あめ・そら
②げつ・やす
③つき・み
④いぬ
⑤がつ・そら

2
①そら・くう
②きん・かね
③くがつ・ここの

3
①8ばんめ
②8ばんめ
③5ばんめ
④7ばんめ

4
①空
②月・犬
③犬・見

ならった漢字《かんじ》と ポイント

空　月　犬　見

●「そら」だけでは なく、「空《あ》きかん」の「あ（く）」、「空《から》っぽ」の「から」などの よみかたも あります。

●「つき」の ほかに、「げつ」や「がつ」と よむ ことが よく あります。

●てんが ないと、ステップ14で ならう「大」の 字《じ》に なります。わすれずに てんを うちましょう。

●「見」も「犬」も「けん」と よみます。まちがえないように ちゅういして かきましょう。

力《ちから》だめし1

≪ P.62・P.63

1
①いち・みぎ
②はなび・まな
③か・きゅう
④おん・か
⑤あ・だま
⑥かい・ひと
⑦おう・した
⑧まる・つき
⑨き・いぬ・きゅう・み

2
①7ばんめ
②7ばんめ
③4ばんめ
④4ばんめ
⑤3ばんめ

3
①休
②空・雨
③九・金
④右・音

【力だめし［1］の ポイント】

1 よみの もんだいです。「玉」は ふつうは「たま」と よみますが、「ビー玉《だま》」や「毛糸玉《けいとだま》」など、まえに ことばが つくと、「だま」と よむ ことが あります。

2 一《ひと》つの 漢字《かんじ》を なんかいで かくかを おぼえる もんだいです。

3 かきとりの もんだいです。「九」や「右」を かく じゅんばんに とくに ちゅういしましょう。

P.68・P.69

ステップ 6

1
① ご・き
② こう・み
③ くち
④ いつ・がっこう
⑤ ひだり

2
① 下
② 口
③ 犬
④ 月
⑤ 見

3
① 2ご
② 1から
③ 2び
④ 2う

4
① 五・玉
② 校・口・左
③ 左・見

P.72・P.73

ステップ 7

1
① み・そら
② さん
③ やす・やま
④ し・ご
⑤ よ・おん

2
① さん・やま
② じ・こ
③ し・よ
④ いぬ・けん

3
① 2ばんめ
② 4ばんめ
③ 6ばんめ
④ 3ばんめ

4
① 三
② 山・山
③ 四・子・四

ならった 漢字《かんじ》と ポイント

五 口 校 左 三 山 子 四

●「五《いつ》つ」や「五日《いつか》」など、「いつ（つ）」、「いつ」と よむ ことが あります。

●「くち」と よみますが、「出口《でぐち》」や「まど口《ぐち》」など、まえに ことばが つくと、「ぐち」と よむ ことが あります。

●「校長先生《こうちょうせんせい》」や「校《こう》しゃ」など、学校《がっこう》に かんする ことがらを いう ときに よく つかいます。

●「右」は「ノ」から かきはじめますが、「左」は「一」（よこの ぼう）から かきはじめます。ちゅういしましょう。

●「さん」の ほかに、「み」や「み（つ）」、「みっ（つ）」と いう よみかたも あります。

●つらなった「やま」の かたちから できた 漢字《かんじ》です。一番《いちばん》 たかい「やま」から かきはじめます。

●手《て》を ひろげた「こども」の すがたから できた 漢字《かんじ》です。

●「し」や「よ」、「よ（つ）」、「よっ（つ）」、「よん」など、いろいろな よみかたを します。

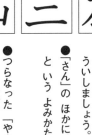

≪ P.76・P.77

ステップ 8

1
①いと・たま
②じ
③かい・みみ
④なな・こ
⑤しちごさん

2
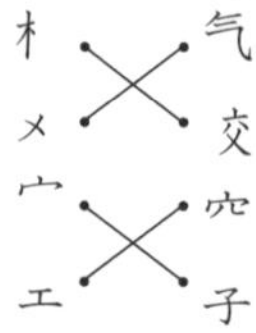

気・校・空・字

3
円・五・月

4
①糸
②字
③雨・耳
④七

≪ P.80・P.81

ステップ 9

1
①くるま
②しゃ・き
③て・やす
④とお・しゅっ
⑤だ

2
①山
②雨
③手
④耳
⑤右

3
①車・出
②手・手
③十

4
①車
②十円・手
③出口・左

ならった 漢字《かんじ》と ポイント

糸 字 耳 七 車 手 十 出

●「いと」の ほかに、「し」と よむ ことも あります。

●はじめに「宀」を かき、その 下《した》に「子」を かきます。「漢字《かんじ》」や「数字《すうじ》」などと つかいます。

●かきかたに ちゅういしましょう。さいごに かく「|」（たての ぼう）は、そのまま とめます。

●「しち」の ほかに、「なな」や「なな（つ）」、「なの」と いう よみかたも あります。

●「|」（たての ぼう）は さいごに かきます。かく じゅんばんに ちゅういしましょう。

●「て」と よみますが、「人手《ひとで》」など、まえに ことばが つくと、「で」と よむ ことが あります。

●「じゅう」だけでは なく、かぞえる ものに よって、「十《じっ》《じゅっ》こ」の「じっ（じゅっ）」や「十日《とおか》」の「とお」などの よみかたに なります。

●かく じゅんばんは「|」（たての ぼう）からです。ちゅういしましょう。

ステップ10 《 P.84・P.85

1
①おんな・で
②ちい・いぬ
③うえ・つき
④か・あ
⑤しん

2
①し
②み
③が
④は
⑤ち・つ

3
①1じょう
②1きゅう
③1しち
④2しょう

4
①女王・手
②森・小
③上・上

ならった 漢字《かんじ》と ポイント

森 上 小 女

●「一」(よこの ぼう)は さいごに かきます。かく じゅんばんに ちゅういしましょう。

●「こ」の ほかに、「小川《おがわ》」のように 「お」 などと よむ ことも あります。

●「うえ」だけでは なく、「うわ」や 「かみ」、「あ(がる)」、「のぼ(る)」など、いろいろな よみかたの ある 漢字《かんじ》です。

●上《うえ》の 「木」、下《した》の 左《ひだり》の 「木」、右《みぎ》の 「木」の じゅんばんで かきます。

力《ちから》だめし2 《 P.86・P.87

1
①ひだり・しゃ
②いと・みみ
③み・だ
④こ・くち
⑤て・じゅうえん

2
①さ
②ご
③さ
④よ
⑤お

3
①6ばんめ
②9ばんめ
③2ばんめ
④1ばんめ
⑤4ばんめ

4
①校・小
②森・山
③女・上

【力だめし[2]の ポイント】

1 「三日月」は 「みかづき」と よみます。

2 「大雨」は 「おうあめ」では なく、「おおあめ」と よみます。

3 かく じゅんばんを おぼえる もんだいです。

4 「女」は 「一」を さいごに かきます。

ステップ 11

≪ P.92・P.93

1
① くるま・ごにん
② やま・みず
③ ただ・ひと
④ いっしょう・で
⑤ は

2
① す・し
② し
③ ん
④ つ
⑤ き

3
① 手・人
② 森・生
③ 学

4
① 人
② 水・雨
③ 正
④ 正・生

ステップ 12

≪ P.96・P.97

1
① せい・よにん
② ゆう・で
③ いし・うえ
④ あか・そら
⑤ せきじゅうじ

2
生 ①
小 ②
上 ②

3
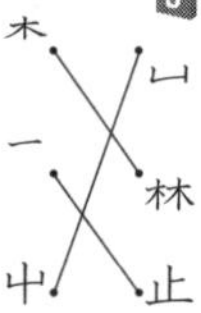

出・森・正

4
① 青・見
② 夕・水
③ 石
④ 赤・花

ならった 漢字《かんじ》と ポイント

赤　石　夕　青　生　正　水　人

● 人《ひと》の かずを いう ときは、「三人《さんにん》」、「四人《よにん》」のように、「にん」と よみます。「一人」は「ひとり」と いう とくべつな よみかたも します。

● 四回《よんかい》で かく 漢字《かんじ》です。おぼえて おきましょう。

● 五回《ごかい》で かく 漢字《かんじ》です。ものを 五《ご》こずつ かぞえながら かきとめる ときに、よく この「正」の 字《じ》を つかいます。

● 「せい」や「しょう」、「い（きる）」、「う（む）」、「は（える）」、「なま」など、いろいろな よみかたが あり、よく つかう 漢字《かんじ》です。

● いろの「あお」や「みどり」を しめす ときと、「青年《せいねん》」などのように「わかい こと」を あらわす ときが あります。

● 「七夕」と かいて「たなばた」と いう とくべつな よみかたも します。

● 「いし」の ほかに、「石炭《せきたん》」などの「せき」、「じ石《しゃく》」などの「しゃく」と いう よみかたも あります。

● いろを あらわす 漢字《かんじ》は たくさん ありますが、中《なか》でも「赤《あか》」は よく つかわれます。「赤十字《せきじゅうじ》」のように「せき」と よむ ことも あります。

≪ P.100・P.101

ステップ13

1
①せんにん・ひと
②かわ・みず
③せん・あか
④きゅう・はや
⑤そう

2
①青
②川
③夕
④金
⑤千

3
①せい・ただ
②あお・せい
③せん・さき
④ち・せん

4
①千・花
②川・石
③先
④早・先・学

≪ P.104・P.105

ステップ14

1
①そう
②た
③むら・あし
④おお・みみ
⑤ひと・たい

2
①4ばんめ
②3ばんめ
③9ばんめ
④7ばんめ

3
①草・休
②足
③村
④大・赤

4
①草
②下・足
③村・早
④青・石・大

ならった 漢字《かんじ》と ポイント

千　川　先　早　草　足　村　大

●「せん」と よみますが、「三千円《さんぜんえん》」などと いう ときは 「ぜん」と よみます。

●三本《さんぼん》の せんで 水《みず》の ながれを あらわした 漢字《かんじ》です。「かわ」と よみますが、「小川《おがわ》」など、まえに ことばが つくと、「がわ」と よむ ことが あります。

●「先」も 「千」も 「川」も 「せん」と よみます（「川」の 「せん」と いう よみは、中学校《ちゅうがっこう》で ならいます）。ちゅういしましょう。

●「あさが はやい」などと いう ときに つかいます。「はやい 車《くるま》」など、スピードの ことを いう ときは、「速《はや》い」と いう べつの 字《じ》を つかいます。

●さいしょに かく 「艹」を 「くさかんむり」と いいます。「花」と おなじ なかまの 漢字《かんじ》です。

●「あし」だけでは なく、「そく」や 「足《た》しざん」の 「た（す）」などの よみかたも あります。

●さいしょに かく 「木」を 「きへん」と いいます。「学校《がっこう》」の 「校」や、ステップ20で ならう 「林」と おなじ なかまの 漢字《かんじ》です。

●「おお（きい）」の ほかに、「大事《だいじ》」などの 「だい」、「大切《たいせつ》」などの 「たい」と いう よみかたも あります。

P.108・P.109

ステップ15

1
① あし・おとこ
② だんし・みず
③ たけ・おんな
④ おん・なか
⑤ か・むし

2
① 草
② 中
③ 竹
④ 石
⑤ 車

3
① 2 ちゅう
② 1 おお
③ 1 せい
④ 2 しゃ

4
① 男
② 先・竹
③ 中
④ 虫・中・虫

ならった漢字《かんじ》と ポイント

虫　中　竹　男

- 「田」（ステップ16）と「力」（ステップ20）を くみあわせて つくられた 漢字《かんじ》です。「田《た》」で「力《ちから》」を 出《だ》して はたらく「おとこ」を あらわします。
- 「たけ」の ほかに、「竹林《ちくりん》」のように「ちく」と よむ ことも あります。
- 「｜」（たての ぼう）は、さいごに かきます。かくじゅんばんに ちゅういしましょう。
- 「中」と いう 字《じ》に よく にて います。「ちゅう」と いう よみかたも おなじなので、まちがえないように ちゅういしましょう。

P.110・P.111

力《ちから》だめし3

1
① おお・いし
② せんせい・はや
③ むら・あお
④ あか・う
⑤ たけ・むし

2
① 男―女
② 大―小
③ 火―水
④ 山―川
⑤ 手―足

3
① つ
② か
③ く
④ に
⑤ だ

4
① 草・夕
② 千・中
③ 正・人

【力だめし［3］の ポイント】

1
きほんてきな よみの もんだいです。しっかり おぼえましょう。

2
かんけいの ある ことばは、あわせて おぼえると おぼえやすく なります。

4
まちがえた 漢字《かんじ》は、かくじつに かけるように れんしゅうして おきましょう。

≪ P.116・P.117

ステップ16

1
①まち・ちく
②ちょう・
ちゅうがっこう
③あま・うえ
④でん
⑤ど・みず

2
①7ばんめ
②4ばんめ
③4ばんめ
④2ばんめ

3
①ど・つち
②むら・そん
③むし・ちゅう

4
①町・水
②天気
③田・土手

≪ P.120・P.121

ステップ17

1
①ちゅう・に
②か・にち
③むし・はい
④にゅうがく・
いちねんせい
⑤とし・ふた

2
①2か
②1なん
③2い

3
虫・竹・年

4
①二年・日
②一日・二
③中・入
④年

ならった漢字《かんじ》と ポイント

町　天　田　土　二　日　入　年

●ばしょの 名《な》まえや えきの 名《な》まえなどに よく 出《で》てくる 漢字《かんじ》です。

●はじめに 「一」（よこの ぼう）を かき、その 下《した》に 「大」を かきます。「大」と おなじ なかまの 漢字《かんじ》です。

●「油田《ゆでん》」とは、石油《せきゆ》の 出《で》る ばしょの ことを いいます。

●「土手《どて》」とは、つつみ（ていぼう）の ことを いいます。

●「に」や 「ふた（つ）」などの ほかに、「二人《ふたり》」や 「二日《ふつか》」のような とくべつな よみかたも あります。

●「○月《がつ》 ○日《にち》」など、ふだん よく つかう 漢字《かんじ》です。「にち」の ほかに、「じつ」や 「ひ」、「か」と いう よみかたも おぼえましょう。

●「人」と いう 字《じ》に よく にて います。まちがえないように しましょう。かく じゅんばんにも ちゅういしましょう。

●「○年《ねん》 ○くみ」など、ふだん よく つかう 漢字《かんじ》です。「とし」とも よみますが、「おない年《どし》」などと いう ときは 「どし」と よみます。

≪ P.124・P.125

ステップ 18

1

①はく・おうじ
②よう
③おとこ・はちにん
④ひゃくねん
⑤ぶん

2

①だ・あ
②お
③ん
④い・か
⑤う・ひ

3

①赤・白
②虫・文
③百・見

4

①白
②八
③文・二百
④八

≪ P.128・P.129

ステップ 19

1

①き・にほん
②き
③めいじん
④な
⑤おと・め

2

①おお・だい
②みょうじ・な
③もく・き
④にゅう・はい

3

①白
②天
③町
④木
⑤田

4

①木目
②日本一・名
③本・目

ならった 漢字《かんじ》と ポイント

白　八　百　文　木　本　名　目

●「しろ」の ほかに、「白《しら》さぎ」や「白《しら》かば」のように「しら」などと よむ ことも あります。

●「はち」や「や」、「や（つ）」、「やっ（つ）」、「よう」など、いろいろな よみかたを します。

●はじめに「一」（よこの ぼう）を かき、その 下《した》に「白」を かきます。「白」と おなじ なかまの 漢字《かんじ》です。

●かく じゅんばんに ちゅういしましょう。「ぶん」の ほかに、「もん」などと よむ ことも あります。

●生《は》えて いる「き」の かたちから この 漢字《かんじ》が 生《う》まれました。「き」の ほかに、「木《こ》かげ」のように「こ」などと よむ ことも あります。

●ながい ものなどを かぞえる ときにも つかいます。「一本《いっぽん》」、「二本《にほん》」、「三本《さんぼん》」など、かずに よって いろいろな よみかたに なります。

●はじめに「夕」を かき、その 下《した》に「口」を かきます。「口」や「右」と おなじ なかまの 漢字《かんじ》です。

●かたほうの「め」の かたちから この 漢字《かんじ》が 生《う》まれました。「め」の ほかに、「もく」などと よむ ことも あります。

P.132・P.133

ステップ 20

1

① た・ぽん
② ちから・だ
③ はやし・くさ
④ ろく・め
⑤ むい・じょう

2

① 5ばんめ
② 5ばんめ
③ 6ばんめ
④ 2ばんめ

3

① と・り
② よ・ん
③ む
④ や
⑤ ひ

4

① 立
② 学力・力
③ 六・森林

ならった 漢字《かんじ》と ポイント

立	力	林	六

●「町立《ちょうりつ》の としょかん」とは、「町《まち》が たてた としょかん」の ことです。

●「ちから」の ほかに、「りょく」や「りき」と いう よみかたも あります。

●「木」と「木」を ならべて つくられた 漢字《かんじ》です。木《き》が ならんで 立《た》って いる「はやし」を あらわします。

●「ろく」や「む」、「む（つ）」、「むっ（つ）」、「むい」など、いろいろな よみかたを します。

P.134・P.135

力《ちから》だめし 4

1

① き・な
② つち・い
③ しろ・あま
④ まち・はやし
⑤ ふたり・た

2

① ろ
② か
③ あ
④ は
⑤ と

3

① 艹 — 早 — 草
② 八 — 亠 — 六
③ 白 — 一 — 百
④ エ — ナ — 左
⑤ 木 — 寸 — 村

4

① 本・文
② 目・二
③ 田・力

【力だめし［4］の ポイント】

1 「二人《ふたり》」と いう とくべつな よみかたも おぼえましょう。

2 「二日」は「ふつか」と よみます。とくべつな よみかたを おぼえましょう。

3 それぞれの かたちを しっかり みて、こたえを かきましょう。

4 「力」には「ちから」の ほかにも いろいろな よみかたが あるので、ちゅういしましょう。

« P.138〜P.143

まとめテスト

1

1 ①はな ②むし ③くさ ④で
2 ⑤ゆう ⑥そら ⑦つき
3 ⑧やす ⑨た ⑩あ
4 ⑪ちい ⑫みみ ⑬た
5 ⑭やま ⑮もり ⑯しろ
6 ⑰はや ⑱め ⑲いぬ ⑳はやし

2

1 3
2 4
3 1
4 1
5 3
6 5
7 7
8 5
9 6
10 5
11 3
12 6

3

1 すい
2 みず
3 きん
4 かな
5 しょうがくせい
6 う
7 ねん
8 とし

4

1 ② じんめい
2 ② みっか
3 ① おうじ
4 ② しょうがつ
5 ① げこう

5

1 ま
2 お
3 お
4 い
5 つ
6 ち

6

1 文
2 糸
3 天
4 木
5 石
6 十
7 口
8 子
9 下
10 貝

7

1 ①左 ②右 ③気 ④車
2 ⑤赤 ⑥手 ⑦中
3 ⑧村 ⑨音
4 ⑩金 ⑪円 ⑫七 ⑬本 ⑭二
5 ⑮玉 ⑯一 ⑰青
6 ⑱川 ⑲貝 ⑳見